Renate und Walter KERN

BEETHOVEN für die Schule

Singen · Musizieren · Bewegen · Gestalten

Eine Materialiensammlung für den Musikunterricht ab der 5. Schulstufe

Mit Beiträgen von
Cora-Ann Wagener-Mühleck

HELBLING

Rum / Innsbruck · Esslingen

Zu diesem Werk ist erhältlich:
Doppel-CD (mit Audio- und CD-ROM-Teil):
HI-S5932CD
ISBN 978-3-85061-399-6
ISMN M-50022-780-9

Lektorat: Katharina Flotho, Markus Spielmann
Gestaltung und Satz: Marcus Koopmann
Illustration: Helmut Kilian, Inkje von Wurmb
Notensatz: Maria-Elisabeth Birbin
Druck: Athesia-Tyrolia Druck GmbH

HI-S5932E
ISBN 978-3-85061-397-2
ISMN M-50022-778-6

1. Auflage 2007

© 2007 Helbling, Rum/Innsbruck • Esslingen
Alle Rechte vorbehalten

Dieses Werk ist in allen seinen Teilen urheberrechtlich geschützt.
Jegliche Verwendung außerhalb der engen Grenzen des Urheberrechts
bedarf der vorherigen schriftlichen Zustimmung des Verlages.
Dies gilt insbesondere für Vervielfältigungen wie Fotokopie, Mikroverfilmung,
Einspeicherung und Verarbeitung in elektronischen Medien sowie für
Übersetzungen – auch bei einer entsprechenden Nutzung für Unterrichtszwecke.

Vorwort

Musiker und Musikfreunde im deutschsprachigen Kulturraum haben eine besondere Beziehung zu Beethoven. In Bonn wurde Beethoven geboren, in Wien hat er seine Meisterwerke geschaffen. Beethovens Musik ist von großer Vielfalt: Sie reicht von leichtfüßigen Tänzen und Gelegenheitskompositionen über die ernstere Kammermusik bis zur *Schicksalssinfonie* und zur mitreißenden Hymne *An die Freude*. In seinem meist durch persönliche Empfindungen und Leid geprägten Werk finden sich unvergessliche Melodien, die sich in idealer Weise dazu eignen, Kindern und Jugendlichen Beethoven nahe zu bringen.

Beethoven für die Schule bietet didaktisch aufbereitete Arbeitsmaterialien, die einen ganzheitlichen, kreativen und informativen Musikunterricht zum Ziel haben. Ein wesentliches Kriterium für die Auswahl der vorliegenden Materialien war dabei auch ihre Umsetzbarkeit im Klassenunterricht der Jahrgangsstufen 5–10.
In diesem Heft gibt es keine ›reine‹ Theorie. Wissensvermittlung über Leben und Werk Beethovens wird immer mit den Bereichen Singen, Musizieren, Hören, Bewegen und/oder Gestalten verknüpft. Der lustbetonte, spielerische Zugang motiviert zu aktivem Erleben und schöpferischem Gestalten der Musik. Daneben kommt auch die Werkanalyse nicht zu kurz.

Zum Buch ist eine *Doppel-CD+* erhältlich, die alle vorgestellten Musikstücke, Playbacks zu einigen Liedern sowie Hörgeschichten zu Beethovens Leben und zur Oper *Fidelio* enthält. Der *CD-ROM-Teil* umfasst neben didaktischen Hinweisen zu den einzelnen Kapiteln und Vorschlägen für Ihre Unterrichtsgestaltung auch Vorlagen zum farbigen Ausdrucken, Videos zu Tänzen und Gestaltungsvorschlägen sowie die Lösungen zu den Aufgaben.

Wir danken **Cora-Ann Wagener-Mühleck**, die vier wertvolle Beiträge aus ihrer Unterrichtstätigkeit für dieses Heft zur Verfügung gestellt hat, und **Christin Gürtelschmied**, die uns bei der Sammlung der umfangreichen Materialien kompetent unterstützte.

Viel Freude und Erfolg bei der Arbeit mit *Beethoven für die Schule* wünschen

Renate und Walter Kern

Inhalt

Vorwort	3
Inhalt	5
Ludwig van Beethoven und seine Zeit	6

Beethoven – sein Leben — 7

Ich über mich	8
Bildergalerie	9
Lebensstationen	10
Leben in Wien	12
Beethoven und die Frauen	14
Das ›Heiligenstädter Testament‹	16
Beethoven und das Geld	18

Beethoven vokal — 19

Scherzkanons	19
Signor Abate	19
Metronom-Kanon: *Ta ta ta*	20
Beethovens Lieblingsmelodie	21
Das Murmeltier: *Marmotte*	22

Beethoven und die Bühne — 23

Fidelio	**23**
Fidelio in Bildern	24
Erzähltexte: Arbeitsblatt	26
Quartett *Mir ist so wunderbar*	27
Türkischer Marsch (Spiel-mit-Satz)	**28**

Beethoven instrumental — 29

Die Wiener Klassik	**29**
Wellingtons Sieg	**30**
Beethovens Sinfonien	**32**
Die 3. Sinfonie ›Eroica‹	**34**
Ein Thema – vier Fassungen	35
Mitlesepartitur	36
Die 5. Sinfonie ›Schicksalssinfonie‹	**38**
›Ich bin ein Star‹: Eine Szene	39
Sound & Light: Spiel-mit-Satz	40
Die 6. Sinfonie ›Pastorale‹	**42**
Szene am Bach	43
Lustiges Zusammensein der Landleute	43
Hirtengesang: Musiziersatz	44
Die 7. Sinfonie*	**45**
Mitlesepartitur	46
Die 9. Sinfonie	**48**
Freude schöner Götterfunken	49
O Freunde …: Mitlesepartitur	50
Beethoven und die Wiener Secession	52

Beethoven am Klavier	**53**
Rondo*	**53**
Notenpuzzle: Rondo in C-Dur	54
Rhythmus-Rondo	55
Das 4. Klavierkonzert*	**56**
Mitlesepartitur, 2. Satz	57
Klaviertrio*	**58**
Rollenspiel-Text	59
Beethovens und Haydns Musik im Vergleich	60
Die Wut ü. d. verlorenen Groschen	**61**
Musiziersatz	62
Für Elise (Musiziersatz)	**64**
Schöne Minka	**65**
Variationen	66
Musiziersatz	67
Die großen Klaviersonaten	**68**
Grande Sonate pathétique	**69**
Romanze für Violine und Orchester	**70**

Beethoven und die Tanzmusik — 71

Musik ist mehr: Tanzanleitung	72
Kontratanz *La Musica*: Tanzanleitung	73
Marmotte: Tanzanleitung	74
Deutscher Tanz: Tanzanleitung	75
Ecossaise: Tanzanleitung	76

Anhang

Beethovenrätsel	77
Werkverzeichnis	78
Inhaltsübersicht der Doppel-CD	79
Bildnachweis und Illustrationen	80

* Beitrag von Cora-Ann Wagener-Mühleck

Ludwig van Beethoven und seine Zeit

Welt- und Kulturgeschichte	Jahr	Alter	Ludwig van Beethoven
	1770	0	16. oder 17. Dezember: Geburt in Bonn
	1774	3	Beginn des Musikunterrichts beim Vater
	1776	5	
	1778	7	Erster Konzertauftritt
† Maria Theresia (1717–1780) von Österreich	1780	9	
	1782	11	Beginn des Unterrichts bei Ch. G. Neefe
	1784	13	Ernennung zum zweiten Hoforganisten
F. Schiller (1759–1805) schreibt die Ode *An die Freude*	1785		
	1787	16	Erster Aufenthalt in Wien; Tod der Mutter
Französische Revolution	1789	18	
† Kaiser Joseph II. (1741–1790)	1790		
† W. A. Mozart (1756–1791)	1791	20	
	1792	21	Umzug nach Wien; Unterricht bei Haydn
*F. Schubert (1797–1828)	1797	26	Beginn des Gehörleidens
	1798	27	*Grande Sonate pathétique*
	1801	30	*Mondscheinsonate*
	1802	31	Heiligenstädter Testament
Napoleon wird französischer Kaiser	1804	33	Fertigstellung der *3. Sinfonie Eroica*
Auflösung des Heiligen Römischen Reiches	1806	35	
J. W. v. Goethe (1749–1832) veröffentlicht *Faust I*	1808	37	Uraufführung der *5. und 6. Sinfonie*
† J. Haydn (1732–1809); Belagerung Wiens durch franz. Truppen	1809	38	
	1810	39	Bagatelle *Für Elise*, Heiratsantrag an Therese Malfatti
	1812	41	Brief an die unsterbliche Geliebte
Napoleonische Befreiungskriege	1813	42	Uraufführung *7. Sinfonie* und *Wellingtons Sieg*
Wiener Kongress: Neuordnung Europas	1814	43	Uraufführung *Fidelio* 3. Fassung
	1819	48	fast völlige Taubheit
fortschreitende Industrialisierung Europas	1820	49	
	1823	52	Fertigstellung der *Missa solemnis*
	1824	53	Uraufführung der *9. Sinfonie*
	1827	56	26. März: Tod in Wien

Beethoven – sein Leben

I/1

II/CD-ROM
Text als PDF

Wer war Ludwig van Beethoven?
▶ Hört euch die *Hörgeschichte zu Beethovens Leben* (CD I/1) an, um einen ersten Eindruck von Beethoven als Mensch und Musiker zu bekommen.

Beethoven – sein Leben

Ich über mich

Satzanfänge	Antworten
Ich heiße …	meine Wiener Wohnungen fast so oft wie mein Hemd.
Mein Name bedeutet …	aufbrausend, misstrauisch und geizig.
Ich wurde …	geistreich, witzig und originell.
Ich wechsle …	Ludwig van Beethoven.
Ich arbeite als …	lässt zu wünschen übrig: Ich bin kurzsichtig und fast schon taub.
Bei den Frauen …	Spaziergänge in der Natur, Philosophieren und Kaffee aus 60 Bohnen.
Meine Gesundheit …	Pianist, Komponist und Klavierlehrer (am liebsten für junge Damen!).
Ich mag …	bin ich sehr erfolgreich, aber keine hält mich lange Zeit aus.
Meine Feinde behaupten, ich sei …	›aus dem Rübengarten‹.
Meine Freunde finden mich dagegen …	1770 in Bonn geboren.

Setzt euch zu zweit zusammen.
▶ Partner A liest die Satzanfänge der Reihe nach vor. Partner B ergänzt jeweils die passende Antwort.
▶ Verbindet dann die zusammengehörenden Satzteile mit einer Linie.

Bildergalerie

Bekannte Persönlichkeiten werden immer wieder in Bildern festgehalten oder von Bildhauern modelliert, so auch Beethoven.
▶ Was erfahrt ihr aus den Kunstwerken über Beethovens Aussehen, seine Arbeit, seine Persönlichkeit und sein Ansehen?

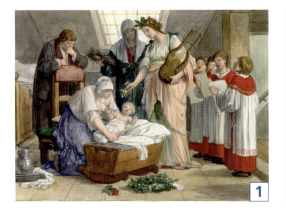

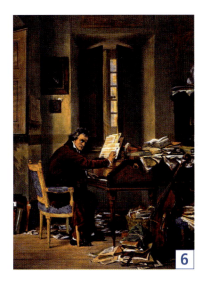

Beethoven – sein Leben

Lebensstationen

In der Hörgeschichte habt ihr die wichtigsten Stationen aus Beethovens Leben kennen gelernt.

▶ Seht euch die Karten an und verseht sie mit der zugehörigen Jahreszahl aus dem Kasten rechts.

▶ Jeder von euch erhält nun eine Karte mit einer Lebensstation. Stellt euch so auf, dass die Karten chronologisch geordnet sind. Klebt sie an eine Wand des Klassenzimmers oder hängt sie an einer Wäscheleine durch den Raum.

Ludwig van Beethoven wird in Bonn geboren. Sein Vater ist dort Musiker am Hof des Kurfürsten.

Geburtshaus in Bonn

Ludwig wird von seinem Vater im Klavierspiel unterrichtet.

Vater Johann van Beethoven

Er erhält Unterricht in Klavier und Komposition bei Christian Gottlob Neefe.

Lehrer Christian Gottlob Neefe

Mit 13 Jahren wird Ludwig van Beethoven als Musiker am Bonner Hof angestellt.

Beethoven-Scherenschnitt

Beethoven zieht nach Wien. Er tritt als Pianist in den Palästen der Adeligen auf und erteilt adeligen Damen Klavierunterricht.

Palais Lobkowitz

Im ›Heiligenstädter Testament‹ äußert Beethoven sich verzweifelt über seine immer stärker werdende Ertaubung (→ Seite 16).

Beethovens Hörrohre

Beethoven – sein Leben

| 1782 | 1774 | 1814 | ~~1810~~ | 1972 | 1792 | ~~1823~~ |
| 1784 | 1802 | 1824 | 1827 | 1770 | | |

Er schreibt das weithin bekannte Klavierstück >Für Elise< (→ Seite 64).

1810

Skizze zu *Für Elise*

Beethovens einzige Oper, die Befreiungsoper >Fidelio<, wird in ihrer dritten Fassung zu einem großen Erfolg (→ Seite 23).

Don Pizarro, der Gouverneur

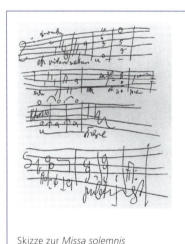

Beethoven beendet die >Missa solemnis<, die er für sein größtes Werk hält. Er widmet sie seinem Freund und Schüler Erzherzog Rudolph.

1823

Skizze zur *Missa solemnis*

Er stellt seine letzte Sinfonie, die berühmte >9. Sinfonie< mit der Ode >An die Freude<, fertig (→ Seite 48).

Beethovenfries (Ausschnitt)

Beethoven stirbt in Wien an einem Leberleiden. 20.000 Menschen nehmen an der Beerdigung teil.

Begräbniszug in Wien

Die Melodie der Ode >An die Freude< wird zur Europahymne erklärt (→ Seite 48).

Europaflagge

Lehrerinfo: Für die Gruppenaktivität finden Sie die Karten auf dem CD-ROM-Teil der CD II einzeln zum farbigen Ausdrucken.

© Helbling, Rum/Innsbruck • Esslingen

Leben in Wien

Beethoven wurde in eine bewegte Zeit hineingeboren. 1770 bestand Europa fast ausschließlich aus Monarchien. Das aufstrebende Bürgertum stellte bald die bestehende Ordnung mit absolutistischen Herrschern in Frage. Mit der Französischen Revolution 1789 verbreiteten sich die Forderungen nach ›Freiheit, Gleichheit, Brüderlichkeit‹ in ganz Europa. Französische Truppen unter Napoleon besetzten weite Gebiete Europas und belagerten 1805 und 1809 auch Wien, das seit dem 17. Jahrhundert Residenzstadt der Kaiser des Heiligen Römischen Reiches Deutscher Nation war. Nach der endgültigen Niederlage Napoleons ordneten die wichtigsten Staatsmänner auf dem Wiener Kongress 1814/15 Europa neu bzw. stellten die alte Ordnung weitgehend wieder her.

In Wien wohnten damals über 200.000 Menschen. Die Stadt war ein wichtiges kulturelles Zentrum in Europa und lebte im Rhythmus seiner vielfältigen Musik, die überall gespielt wurde: in Theatern, im Redoutensaal der Hofburg, in den Salons der Adelshäuser, auf Vorstadtbühnen und bei privaten Festen.

Napoleon Bonaparte (1769–1821) war ab 1796 Oberbefehlshaber der französischen Armee, ab 1799 Erster Konsul und von 1804–1815 Kaiser der Franzosen.

Wien Ende des 18. Jahrhunderts

Beethovens Alltag

Durch Berichte von Zeitgenossen und zahlreiche hinterlassene Briefe von Beethoven und seinen Freunden oder Geschäftspartnern können wir uns ein ziemlich genaues Bild von Beethovens Alltag machen.

Lest die folgenden Abschnitte und macht euch ein Bild von Beethoven und seinem Leben in Wien.

Tagesablauf

Ein typischer Tag in Beethovens Leben wird ungefähr so ausgesehen haben:

Aufstehen:	sehr früh
Komponieren:	Notiz der Gedanken, die ihm in der Nacht eingefallen waren
Waschen:	eiskalte Wassergüsse mitten im Zimmer
Frühstück:	Kaffee aus sechzig Bohnen, von Beethoven persönlich gemahlen
Tagesbeschäftigung:	unterrichten und komponieren, unterbrochen von einsamen Spaziergängen
Mahlzeiten:	unregelmäßig, aber immer gut und reichlich
Abends:	Goethe, Schiller, Homer, Shakespeare lesen

Beethoven – sein Leben

Wohnen

Von 1792 bis zum seinem Tod im Jahr 1827 lebte Beethoven den größten Teil des Jahres in Wien, in vielen verschiedenen Wohnungen. Beethoven bevorzugte südseitig gelegene Wohnungen mit guter Aussicht und nahe der Innenstadt. Doch er war rastlos, lärmempfindlich und launisch. So gefiel Beethoven häufig schon bald nach dem Einzug seine Bleibe nicht mehr oder er bekam Streit mit seinen Nachbarn und suchte ein neues Quartier. In Wien brachte er es insgesamt auf über dreißig Wohnungen!

Im Pasqualati-Haus lebte Beethoven mehrere Jahre.

›Phantasieren‹ und unterrichten

In den ersten Wiener Jahren machte Beethoven sich vor allem als Klaviervirtuose einen Namen. Ganz besonders gefiel den Wienern sein ›Phantasieren‹ (= Improvisieren). Als bekannter Pianist war er bald auch als Klavierlehrer sehr gefragt.
Die Unterrichtsstunden, die er oft in begüterten Familien erteilte, waren für den freischaffenden Künstler Beethoven eine wichtige Einnahmequelle. Sein berühmtester Schüler war Erzherzog Rudolph, ein Bruder von Kaiser Franz II. Vor allem unterrichtete er aber zahlreiche junge Damen ›aus besserem Hause‹, für die Klavierspielen einen wesentlichen Bestandteil der Erziehung und Bildung darstellte.

Beethoven spielt für Freunde auf dem Klavier.

Komponieren

Als Beethoven wegen seines Gehörleidens nicht mehr als Pianist auftreten konnte, trat das Komponieren endgültig in den Vordergrund. Wie Beethoven komponierte, erzählt Beethovens Freund und Schüler Ferdinand Ries:

»*Auf einem Spaziergang … hatte er den ganzen Weg über für sich gebrummt oder teilweise geheult, immer herauf und herunter, ohne bestimmte Noten zu singen … Als wir ins Zimmer traten, lief er, ohne den Hut abzunehmen, ans Klavier. Ich setzte mich in eine Ecke, und er hatte mich bald vergessen. Nun tobte er wenigstens eine Stunde lang über das neue, so schön dastehende Finale in dieser Sonate* (Appassionata op. 57). *Endlich stand er auf, war erstaunt, mich noch zu sehen und sagte: ›Heute kann ich Ihnen keine Lektion mehr geben, ich muss arbeiten.‹*«

Oft notierte Beethoven seine Einfälle in Skizzenbüchern und entwickelte sie später in einem langwierigen Arbeitsprozess weiter. Für die Komposition umfangreicherer Werke – wie seine Sinfonien oder Messen – benötigte er manchmal mehrere Jahre. Aber auch nach der Erstaufführung waren die Kompositionen nicht immer endgültig abgeschlossen: Seine Oper *Fidelio* z. B. überarbeitete Beethoven nach Erscheinen noch zweimal gründlich.

Wohn- und Musizierzimmer im Schwarzspanierhaus

Beethoven und die Frauen

»Mein Engel, mein Alles, mein Ich …« beginnt einer der Briefe, die Beethoven an eine heute unbekannte Dame geschrieben hat, und weiter heißt es:

> … schon im Bette drängen sich die Ideen zu dir meine Unsterbliche Geliebte, hier und da freudig, dann wieder traurig. Vom Schicksaale abwartend, ob es unß erhört … Deine Liebe macht mich zum glücklichsten und zum unglücklichsten zugleich … sej ruhig, nur durch Ruhiges beschauen unsres Dasejns können wir unsern Zweck zusamen zu leben erreichen - sej ruhig - liebe mich - heute - gestern - Welche Sehnsucht mit Thränen nach dir - dir - dir - mein Leben mein alles - leb wohl - o liebe mich fort - verken nie das treuste Herz deines Geliebten L.
> ewig dein ewig mein ewig unß *

* Originale Rechtschreibung Beethovens: Damals gab es noch keine einheitliche deutsche Rechtschreibung.

Beethoven verliebte sich häufig und heftig. Doch letztlich suchte er sich immer die ›falschen‹ Frauen aus: entweder adelige Damen, die Beethoven zwar schätzten oder auch liebten doch einen Nicht-Adeligen nicht zu heiraten wagten, oder Frauen, die bereits verheiratet waren.

Die Mondscheinsonate

*Die klassische **Sonate** ist eine mehrsätzige Instrumentalkomposition für kleine oder solistische Besetzung.*

*Eine **Fantasie** ist eine frei gestaltete Instrumentalkomposition ohne Bindung an eine bestimmte Form.*

Im November 1801 berichtete Beethoven einem Freund von einem »*lieben zauberischen Mädchen*«; gemeint war seine 17-jährige Klavierschülerin Gräfin Giulietta von Guicciardi. Ihr widmete Beethoven seine *Klaviersonate op. 27 Nr. 2* mit dem Beinamen *Sonata quasi una fantasia* (= wie eine Fantasie). Bekannt wurde die Sonate später unter dem Titel *Mondscheinsonate*. Mit ihren formalen Freiheiten und ihrem emotionalen Stil gilt sie als wichtiger Vorläufer der musikalischen Romantik.

Hört den Anfang der Mondscheinsonate (CD II/21).
▶ Passt der Titel zu eurem Höreindruck?
▶ Welchen Titel würdet ihr dem Musikstück geben?

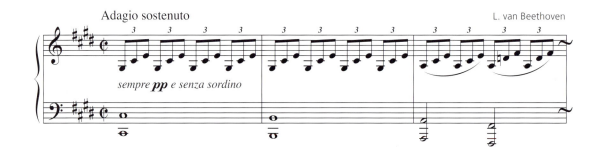

Ein Liebeslied

 I/2, 3 PB

Hört das Tonbeispiel (CD I/2).
▸ Singt dann das Lied zu Beethovens Klaviersatz (CD I/3).

Drei Freundinnen Beethovens: Antonie von Brentano, …

Therese Malfatti und …

Gräfin Giulietta von Guicciardi, der Beethoven die *Mondscheinsonate* widmete.

Das ›Heiligenstädter Testament‹

1802, im Alter von 31 Jahren, schrieb Beethoven seinen Brüdern in dem kleinen Ort Heiligenstadt bei Wien einen verzweifelten Brief, das so genannte ›Heiligenstädter Testament‹.

Hört den Ausschnitt aus dem ›Heiligenstädter Testament‹ (CD I/4) und beantwortet dann die Fragen:
- Warum ist Beethoven verzweifelt?
- An welcher Krankheit leidet er? Wie wirkt sie sich aus?
- Was für ein Mensch war Beethoven bis zu seiner Krankheit?
- Was meint Beethoven, wenn er sagt: »*Ach, wie wäre es möglich, dass ich die Schwäche eines Sinnes zugeben sollte, der bei mir in einem vollkommeneren Grade als bei anderen sein sollte.*«?
- Was hilft ihm in seiner Depression?

Die ersten Anzeichen der Krankheit traten bei Beethoven schon auf, bevor er 30 Jahre alt war. Von da an nahm seine Hörfähigkeit immer weiter ab, zeitweise quälten ihn Pfeifgeräusche im Ohr Tag und Nacht. Anfangs konnte er nur leise und hohe Töne nicht mehr hören, später ertaubte er fast ganz. Beethoven versuchte, mit einem Hörrohr und mit anderen Hörgeräten, die ihm sein Freund Mälzel baute, mit der Umwelt in Kontakt zu treten. Als dies nicht mehr gelang, kommunizierte er mit Hilfe von Konversationsheften, in denen er die Gespräche mit seinen Besuchern notierte. An die 400 soll er im Laufe der Zeit gefüllt haben! Heute sind fast 140 dieser Hefte erhalten. Sie geben uns eine Vorstellung von der Lebensweise des Komponisten und beschreiben familiäre Begebenheiten, informieren über Einkaufslisten und enthalten auch Kompositionsskizzen. Denn trotz seiner fortschreitenden Schwerhörigkeit komponierte Beethoven bis zum Ende seines Lebens bedeutende Werke.

Konversationsheft und Hörrohre

Wie wird Beethoven Musik gegen Ende seines Lebens gehört haben?
- Hört den Beginn der Ode *An die Freude* aus Beethovens *9. Sinfonie* (→ Seite 48) ›mit Beethovens Ohren‹ (CD I/5).
- Führt mit eurem Nachbarn ein ›Gespräch ohne Worte‹. Benutzt dafür Zeichensprache oder ein Konversationsheft.

Aus seinem Leben

Textauszug

Lest nun den Ausschnitt aus dem Heiligenstädter Testament.
▶ Gestaltet den Text mit den Ausdrucksmöglichkeiten eurer Stimme. Lest ihn euch gegenseitig vor! Kleine Requisiten wie Füllfederhalter, Briefpapier oder Zylinder helfen euch, in die Situation hineinzufinden.

> Oh ihr Menschen, die ihr mich für feindselig, störrisch oder misanthropisch haltet oder erkläret, wie unrecht tut ihr mir! Ihr wisst nicht die geheime Ursache von dem, was euch so scheinet.
>
> Mein Herz und mein Sinn waren von Kindheit an für das zarte Gefühl des Wohlwollens. Selbst große Handlungen zu verrichten, war ich immer aufgelegt; aber bedenket nur, dass seit sechs Jahren ein heilloser Zustand mich befallen, durch unvernünftige Ärzte verschlimmert …
>
> Mit feurigem, lebhaftem Temperamente geboren, selbst empfänglich für die Zerstreuungen der Gesellschaft, musste ich früh mich absondern, einsam mein Leben zubringen …
>
> O wie hart wurde ich durch die verdoppelte, traurige Erfahrung meines schlechten Gehörs zurückgestoßen, und doch war's mir noch nicht möglich, den Menschen zu sagen: sprecht lauter, schreit, denn ich bin taub. Ach, wie wäre es möglich, dass ich die Schwäche eines Sinnes zugeben sollte, der bei mir in einem vollkommeneren Grade als bei anderen sein sollte?
>
> Es fehlte wenig, und ich endigte selbst mein Leben.
> Nur sie, die Kunst, sie hielt mich zurück …*

misanthropisch = menschenfeindlich

* Zur besseren Lesbarkeit wurde der Brief an die neue deutsche Rechtschreibung angepasst.

Beethoven – sein Leben

Beethoven und das Geld

Es muss sein

Diesen Scherzkanon schrieb Beethoven 1826 an den Wiener Musikmäzen und Hobbymusiker Dembscher: Dembscher wollte von Beethoven Noten eines Werkes erhalten, um sie im privaten Kreis aufzuführen, und behauptete, sein Ensemble könne das Stück viel besser spielen als Beethovens Freunde. Beethoven ließ ihm daraufhin ärgerlich ausrichten, dass er für die Noten eine Leihgebühr zu entrichten habe, worauf Dembscher sich notgedrungen mit einem »*Wenn es sein muss …*« einließ. Als Antwort schickte Beethoven ihm den Kanon *Es muss sein*.

▎ **Hört das Tonbeispiel (CD I/6) und singt dann den Kanon.**

Beethovens finanzielle Situation

Geld war für Beethoven ein wichtiges Thema. Nicht selten bereitete ihm seine finanzielle Situation Sorgen. Als freischaffender Künstler ohne feste Anstellung musste er sich immer wieder neue Einnahmequellen suchen, denn die ›Rente‹, die drei Mäzene ihm zahlten, reichte schon bald nicht mehr zum Leben. Einen wesentlichen Posten bildeten die Verkäufe seiner Werke an Verleger sowie die Honorare, die er von Adelshäusern für die zeitlich begrenzte exklusive Nutzung eines Werkes erhielt. Wie hart Beethoven verhandelte, wenn es um sein Honorar ging, zeigt der folgende Auszug aus einem Brief Beethovens an seinen Verleger:

» *… ich habe nicht zum Endzweck, wie sie glauben, ein Musikalischer Kunstwucherer zu werden, der nur schreibt, um reich zu werden, o bewahre, doch liebe ich ein Unabhängiges Leben, dieses kann ich nicht anders als ohne ein kleines Vermögen, … sie als ein Humanerer und Weit Gebildeterer Kopf als alle andern Musikalischen Verleger dörften auch zugleich den Endzweck haben den Künstler nicht bloß nothdürftig zu bezahlen, sondern ihn vielmehr auf den weg zu leiten, daß er alles das ungestört leisten könne, was in ihm ist, und man von außen von ihm erwartet* «.

Beethoven vokal

Scherzkanons

Kanons schrieb Beethoven oft als scherzhafte Form der Kommunikation mit Freunden anstelle von oder in Briefen. Mit dem Kanon *Es muss sein* antwortete er auf die Anfrage eines Musikmäzens (➜ vorige Seite). In dem italienisch-deutschen Kanon *Signor Abate* (= Herr Abt) nahm Beethoven auf eine lustige Begebenheit bei einem Treffen mit seinem Freund, dem Komponisten und Abt Stadler, Bezug. Zum Abschied kniete Beethoven vor dem Abt nieder und sprach: »*Ehrwürdiger Herr, geben Sie mir Ihren Segen!*« Der Abt machte das Kreuz über ihm und murmelte in einem Ton, als ob er ein Gebet spräche: »*Nutzt's nix, so schadt's nix!*« Beethoven küsste ihm die Hand, und die anderen Anwesenden lachten.

Auf deutsch bedeutet der Text: »*Herr Abt, ich bin krank./ Heiliger Vater, kommt und gebt mir den Segen./ Wenn Sie nicht kommen, hol Sie der Teufel!*«

■ **Hört das Tonbeispiel (CD I/7) und singt dann den Kanon.**
▶ Gestaltet den ersten Teil jammernd, den zweiten bittend und den dritten aufgebracht.

Signor Abate
L. van Beethoven

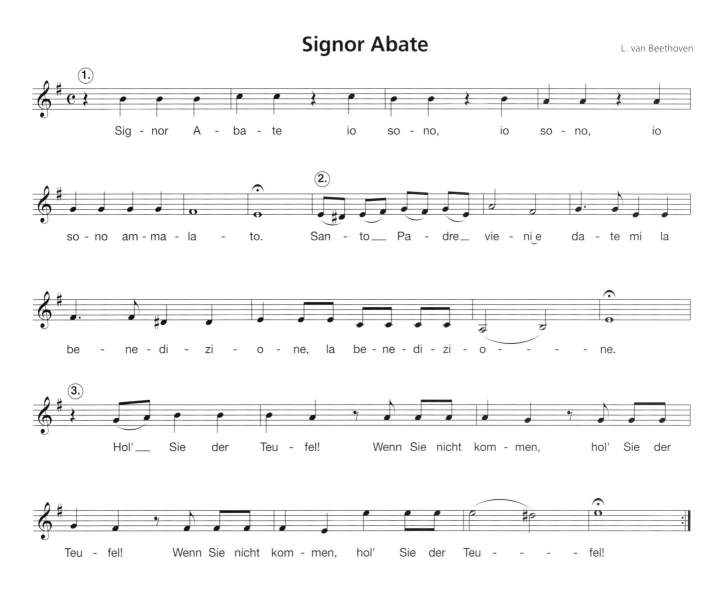

Beethoven vokal

Metronom-Kanon

*Ein **Metronom** ist ein Taktmesser. Mit ihm können Komponisten genau angeben, in welchem Tempo ihre Werke gespielt werden sollen.*

Lange Zeit glaubte man, dass Beethoven seinem Freund Johann Nepomuk Mälzel (➔ Seite 30), der als Erfinder des Metronoms gilt, mit diesem Kanon ein Denkmal setzte. Inzwischen weiß man, dass Beethovens Sekretär Anton Schindler den Kanon zu Beethovens Werk hinzu erfand. Doch immerhin verwendete Schindler für den Kanon eine Melodie aus Beethovens *8. Sinfonie*.

■ **Hört das Tonbeispiel (CD I/8) und singt dann den Kanon.**

Ta ta ta

Kanon von A. Schindler
L. van Beethoven zugeschrieben

1. Ta - ta - ta - ta - ta - ta - ta - ta - ta - ta - ta - ta - ta - ta - ta - ta - ta - ta, lie - ber, lie - ber Mäl - zel.
2. Ta - ta - ta - ta - ta - ta - ta - ta, le - ben Sie wohl, sehr wohl!
3. Ta - ta - ta - ta - ta - ta - ta - ta, Ban - ner der Zeit, Ban - ner der Zeit. Ta - ta - ta - ta - ta -
4. ta - ta - ta - ta - ta - ta, gro - ßer, gro - ßer Me - tro - nom, gro - ßer Me - tro - nom. Ta - ta - ta - ta - ta.

■ **Vergleicht den Beginn des 2. Satzes der ›8. Sinfonie‹ (CD I/9) mit der Melodie des Kanons!**

L. van Beethoven

Beethoven vokal

Beethovens Lieblingsmelodie

Das Thema des Liedes verwendete Beethoven, da es ihm sehr gefiel, gleich mehrmals: in seinen Kontratänzen (→ Seite 73), in seiner Ballettmusik und schließlich in der *3. Sinfonie Eroica* (→ Seite 34).

 Singt das Lied zum Playback (CD I/10).
▸ Begleitet es mit Stabspielen.

Lehrerinfo: Einen Tanz zum Lied finden Sie auf Seite 72.

© Helbling, Rum/Innsbruck • Esslingen

Beethoven vokal

Das Murmeltier

In diesem um 1790 entstandenen Lied besingt Beethoven das Schicksal der Savoyarden-Kinder. Diese Kinder aus armen französischen Familien wurden als bettelnde Wandermusikanten losgeschickt. Sie musizierten auf einer Drehleier und führten als Attraktion ein Murmeltier (franz.: *marmotte*) mit sich, das sie zur Musik tanzen ließen. Die gleichförmige Klavierbegleitung des Liedes imitiert den Klang der Drehleier.

Hört das Tonbeispiel (CD I/11) und singt dann das Lied zu Beethovens Klaviersatz (CD I/12).

Lehrerinfo: Einen Tanz zum Lied finden Sie auf Seite 74.

Beethoven und die Bühne

Beethoven hat für die Bühne zahlreiche Kompositionen geschaffen, wie die Ballettmusik *Die Geschöpfe des Prometheus,* Schauspielmusik zu Goethes Trauerspiel *Egmont* oder Musik für die Festspiele *Die Ruinen von Athen* (➜ Seite 28) und *Die Weihe des Hauses*. Das bekannteste Bühnenwerk Beethovens ist aber seine einzige vollendete Oper *Fidelio*.

Fidelio

Fidelio (op. 72) handelt von einem Mann namens Florestan, der aus politischen Gründen in einem spanischen Gefängnis festgehalten wird. Die Nummernoper wurde 1805 uraufgeführt, doch erst in ihrer dritten Fassung von 1814 setzte sie sich schließlich durch. Bis heute gehört *Fidelio* zum Standardrepertoire der meisten Opernhäuser.

Im Kärntnertortheater fand 1814 die Wiederaufnahme der Oper statt.

Theaterzettel der Uraufführung

> **Im Verlauf der Opernhandlung will der Gouverneur des Gefängnisses Florestan töten lassen.**
> ▸ Diskutiert die Situation: Was kann Florestans Frau tun, um ihren Mann zu retten?

> **Hört die Fidelio-Hörgeschichte (CD I/13) und seht euch die zugehörigen Bilder auf den nächsten Seiten an.**
> ▸ Bearbeitet das Arbeitsblatt von Seite 26.
> ▸ Diskutiert anschließend, welche Botschaft Beethoven mit der Oper vermitteln wollte.
> ▸ Redet dabei auch über folgende Themen, die in der Oper angeschnitten werden: ›die Freiheit des Menschen‹, ›selbstlosen Einsatz aus Liebe‹, ›Heldinnen‹, ›politisch motivierte Gewalt‹.

Info Oper kompakt

Eine **Oper** ist ein Musikstück, in dem eine Geschichte mit Gesang und Musik erzählt und gespielt wird.
- Mit **Akt** bezeichnet man die Teile einer Oper.
- Eine **Nummernoper** besteht – im Gegensatz zu durchkomponierten Opern – aus einzelnen abgeschlossenen Szenen, die sich meist aus einem gesprochenen Teil oder einem Sprechgesang **(= Rezitativ)** und einem Instrumental- oder Gesangstück zusammensetzen.
- Eine **Arie** ist ein Sologesang mit Instrumentalbegleitung. Entsprechend singen in einem **Duett** zwei, im **Terzett** drei, im **Quartett** vier Sänger. Außerdem gibt es **Chöre** und **Ensembles** (= Chor und Solosänger).
- **Ouvertüre** nennt man die instrumentale Einleitung oder Eröffnungsmusik einer Oper.
- Wenn das Orchester einen gesprochenen Text so begleitet, dass die Musik die Textaussage verdeutlicht, nennt man das **Melodram**.

Fidelio in Bildern

Beethoven und die Bühne

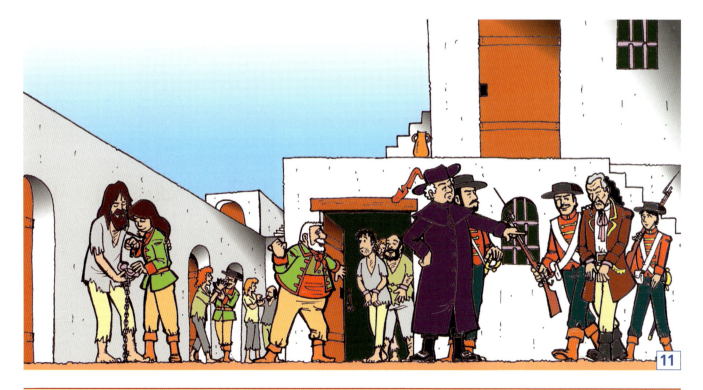

Beethoven und die Bühne

Erzähltexte

> **Ordnet die Texte aus der Hörgeschichte den Bildern zu.**
> ▸ Tragt die passenden Bildnummern ein.
> ▸ Hört die Geschichte noch einmal und achtet genau auf Musik/Gesang. Schreibt die Bezeichnung des jeweiligen musikalischen Abschnitts auf: ›Ouvertüre, Arie, Duett, Quartett, Chor oder Ensemble‹ (Erklärungen zu den Fachbegriffen ➜ Seite 23).

☐ _____

Wir befinden uns in einem spanischen Staatsgefängnis in der Nähe von Sevilla im 18. Jahrhundert. Seit zwei Jahren hält Gouverneur Don Pizarro den Adeligen Florestan gefangen. Florestan wollte Verbrechen Don Pizarros aufdecken, aber dieser ließ ihn ohne Gerichtsverhandlung verhaften und ins tiefste Verlies eines Gefängnisses werfen. Florestans Ehefrau Leonore vermutet, wo ihr Mann gefangen gehalten wird. Sie verkleidet sich als junger Mann, nennt sich Fidelio und wird Gehilfe beim Kerkermeister Rocco. So hofft sie, Florestan unerkannt helfen zu können.

6 _Melodram_

Leonore begleitet Rocco beim Abstieg in Florestans Verlies. Sie soll Rocco helfen, das Grab zu schaufeln. Ob der Gefangene wirklich ihr Mann Florestan ist?

☐ _____

Pizarro erfährt, dass der Minister das Gefängnis überraschend kontrollieren möchte. Er hat Angst, der zu Unrecht eingekerkerte Florestan könnte entdeckt werden. So entschließt er sich, seinen Feind so bald wie möglich zu töten.

☐ _____

In seiner Wut versucht Pizarro beide zu töten, aber Leonore zieht eine Pistole hervor und zielt auf ihn. In diesem Moment kündigen entfernte Trompeten die Ankunft des Ministers an, der Pizarro schon länger in Verdacht hat, Gefangene ungerechtfertigt im Kerker einzusperren.

☐ _____

Pizarro gibt dem Kerkermeister Rocco den Befehl, ein Grab zu schaufeln. Leonore belauscht die beiden und ahnt, dass dieses Grab für ihren Mann Florestan bestimmt ist. Nachdem Pizarro und Rocco gegangen sind, kommt sie aus ihrem Versteck und lässt ihrer Wut über das Mordkomplott freien Lauf.

☐ _____

Als Pizarro Florestan mit einem Dolch erstechen will, kommt Leonore aus ihrem Versteck, wirft sich zwischen Pizarro und ihren Mann. Sie ist bereit, für ihn zu sterben und gibt sich allen als Florestans Frau zu erkennen.

☐ _____

Leonore hat Mitleid mit den Gefangenen und bittet den Kerkermeister Rocco, ihnen im Hof einen Blick auf die Frühlingssonne zu erlauben. Rocco erfüllt ihre Bitte und die Gefangenen kommen langsam und geblendet vom ungewohnten Licht aus ihren Zellen. Ihren Mann kann Leonore aber nicht entdecken.

☐ _____

Pizarro kommt in das Verlies und gibt sich Florestan zu erkennen. Zornerfüllt kündigt er an, ihn nun zu töten. In einem Versteck hört Leonore alles.

☐ _____

Pizarro wird von den Männern des Ministers verhaftet, Leonore darf Florestan die Ketten abnehmen. Die Kerkertüren werden geöffnet. Alle stimmen in den befreiten Jubel ein und besingen Leonore, die mutig für ihren Ehemann eingetreten ist.

☐ _____

Pizarro stürzt fort und will fliehen. Leonore und Florestan fallen einander voll übergroßer Freude in die Arme.

☐ _____

In der finstersten Tiefe des Gefängnisses ist Florestan an die Wand gekettet … In seinem Wahn hat er eine Vision von Leonore, die ihn als Engel in die Freiheit führt.

Beethoven und die Bühne

Mir ist so wunderbar

I/14, 15

Neben Fidelio/Leonore, dem Kerkermeister Rocco und Don Pizarro gibt es noch zwei weitere wichtige Rollen im ersten Akt der Oper: Marzelline (Roccos Tochter) und Jaquino (Pförtner). Jaquino ist in Marzelline verliebt und will sie heiraten. Marzelline interessiert sich aber für den neuen Gehilfen Fidelio. In dem Quartett *Mir ist so wunderbar* singen Marzelline, Fidelio, Rocco und Jaquino dieselbe Melodie, doch was sie singen, unterscheidet sich beträchtlich.

Frauenstimmen
Sopran = hoch
Alt = tief

Männerstimmen
Tenor = hoch
Bariton = mittel
Bass = tief

> **Hört das Quartett (CD I/14) und lest die Texte der Sänger in den Noten mit.**
> ▶ Interpretiert die Texte und ordnet den Personen die Gefühle ›Schmerz, Freude, Glück, Ohnmacht‹ zu.
> ▶ Singt die Hauptmelodie mit den vier Texten hintereinander. Teilt euch dafür in vier Gruppen auf: Jede Gruppe übernimmt eine Rolle. Zum Abschluss singt ihr eine Strophe gemeinsam, jede Gruppe auf ihren Text.
> ▶ Hört das Quartett noch einmal und tragt die Stimmlagen der Sänger in die Tabelle unten ein. Wählt aus ›Sopran, Sopran, Tenor, Bass‹.

Quartett (Hauptmelodie)
Aus: Fidelio, 1. Akt

Musik: L. van Beethoven
Text: von Sonnleithner, von Breuning, Treitschke

Marzelline: 1. Mir ist so wun-der-bar, es engt das Herz mir ein; er liebt mich, es ist klar, ich wer-de glück-lich, glück-lich sein.
Fidelio: 2. Wie groß ist die Ge-fahr, wie schwach der Hoff-nung Schein; sie liebt mich, es ist klar, o na-men-, na-men-lo-se Pein.
Rocco: 3. Sie liebt ihn, es ist klar, ja, Mäd-chen, er wird dein; ein gu-tes, jun-ges Paar, sie wer-den glück-lich, glück-lich sein.
Jaquino: 4. Mir sträubt sich schon das Haar, der Va-ter wil-ligt ein; mir wird so wun-der-bar, mir fällt kein Mit-tel, Mit-tel ein.

> **Hört die ›Fidelio‹-Bearbeitung für Streichquintett, die zur Zeit Beethovens von einem anonymen Verfasser geschaffen wurde (CD I/15).**
> ▶ Tragt die Instrumente, die die Rollen interpretieren, in die Tabelle ein. Wählt aus: ›Violine, Violine, Viola, Viola, Cello‹. Was fällt euch auf?
> ▶ Vergleicht das Streichquintett mit dem Quartett aus der Oper.

*Ein **Streichquintett** setzt sich aus fünf Streichinstrumenten zusammen, meist zwei Violinen, zwei Violen und ein Violoncello.*

Rolle	Stimmlage	Instrument
Marzelline		
Fidelio/Leonore		
Rocco		
Jaquino		

Marzelline und Jaquino

Beethoven und die Bühne

Türkischer Marsch

Beethoven hat öfters Schauspielmusik für das Theater komponiert. 1811 schrieb er die Musik zu *Die Ruinen von Athen* von August von Kotzebue. Als Element der Zwischenmusik erklingt darin der *Türkische Marsch*. In dem Stück mit Tänzen und Chören belauscht die Göttin Minerva ein griechisches Paar, das über die Unterdrückung der Griechen durch die Türken klagt, und fordert sie zur Rache auf. Der Marsch ist der zu Beethovens Zeit beliebten Janitscharenmusik – der Militärmusik der Osmanen – nachempfunden, die durch die Türkenkriege in Europa bekannt geworden war. Die mitreißende Musik, die auch in Mozarts Singspiel *Die Entführung aus dem Serail* anklingt, verwendet zahlreiche Schlaginstrumente wie Trommel, Triangel und Cymbeln. Sie hat folgenden Grundrhythmus:

Janitscharenkapelle

Hört euch den Marsch an (CD I/16).
▶ Klopft den typischen Rhythmus dazu.
▶ Spielt mit Körper- oder Rhythmusinstrumenten mit!

Spiel-mit-Satz
zu: Türkischer Marsch (1. Teil)

Spiel-mit-Satz: W. Kern
© Helbling, Rum/Innsbruck

	Körperinstrumente	Rhythmusinstrumente
●	klatschen	Schellenstab
×	auf die Oberschenkel patschen	Claves
△	schnipsen	Triangel
○	leise aufstampfen	Handtrommel mit Schlägel
⊥	auf den Handrücken schlagen	Cymbel, hängend, mit Schlägel
∼	Stimme: »rrr …«	Rasseln

Lehrerinfo: ☐ = 1 Takt

28

Beethoven instrumental

Beethoven schrieb – neben Liedern, einigen Bühnenwerken und zwei Messen – vor allem Instrumentalmusik: Er komponierte 9 Sinfonien, 5 Klavierkonzerte, 16 Streichquartette, 32 Klaviersonaten, 10 Violinsonaten und über 20 Variationswerke für Klavier. Seinen Kompositionsstil rechnet man der Wiener Klassik zu.

Die Wiener Klassik

Mit ›Wiener Klassik‹ bezeichnet man in der abendländischen Kunstmusik die musikalische Stilepoche zwischen ca. 1780 und 1825. Benannt ist die Epoche nach ihren drei bekanntesten Komponisten, deren Wirkungskreis vornehmlich in Wien lag:

J. Haydn 1732–1809   W. A. Mozart 1756–1791   L. van Beethoven 1770–1827

In der österreichischen Hauptstadt Wien war das private und öffentliche musikalische Leben in dieser Zeit hoch entwickelt. War früher der Kaiserhof der wichtigste Kunstförderer, hatte nun eine breite Adelsschicht diese Rolle übernommen. Sie veranstaltete Konzerte – so genannte Liebhaberkonzerte – und unterstützte Komponisten und Musiker finanziell. Gleichzeitig entwickelte sich daneben eine bürgerliche Konzertkultur mit Musikgesellschaften und öffentlichen Konzerten.

In der Wiener Klassik wurden weiterhin zahlreiche Opern und Messen komponiert. Eine besondere Bedeutung gewann aber die Instrumentalmusik: Als formale Grundlage für die wichtigsten zeitgenössischen Gattungen *Sonate, Sinfonie, Streichquartett* und *Solokonzert* entstand die *Sonatensatzform* mit ihren Teilen *Exposition – Durchführung – Reprise* (➜ Seite 32).

Wichtige Merkmale der Wiener Klassik sind: Allgemeinverständlichkeit, Gefühlsbetontheit und Gefälligkeit der Musik. Einer Ausgewogenheit im Ganzen stehen häufig spannungsreiche Kontraste innerhalb der Komposition gegenüber (schnell/langsam, laut/leise usw.).

Gewinnt einen Eindruck von der Instrumentalmusik der Wiener Klassik.
▶ Bearbeitet die Seiten des Kapitels ›Beethoven instrumental‹ und hört euch die zugehörigen Tonbeispiele an.
▶ Welche der auf dieser Seite beschriebenen Merkmale der Wiener Klassik könnt ihr in Beethovens Werken wieder finden?

Beethoven instrumental

Wellingtons Sieg

*In den Jahren nach der Französischen Revolution von 1789 besetzte Napoleon mit seinen Truppen zahlreiche europäische Länder und errang damit eine Vormachtstellung in Europa. Ab 1813 kämpften verschiedene europäische Mächte in den **Befreiungskriegen** gegen seine Fremdherrschaft.*

*Der **Musikautomat** übertrug Kompositionen mit einer Stiftwalze oder gelochten Kartonstreifen auf ein oder mehrere Instrumente. Er bot damit bis weit ins 19. Jahrhundert die einzige Möglichkeit, Musik mechanisch wiederzugeben. Haydn, Mozart und Beethoven schrieben auf Bestellung Stücke für Musikautomaten.*

Nachdem Napoleon seinen Russlandfeldzug verloren hatte, griffen mehrere europäische Nationen gemeinsam gegen Frankreich zu den Waffen. Im Juni 1813 besiegte der englische Feldmarschall Wellington in der Ebene von Vitoria in Nordspanien die napoleonischen Truppen. Daraufhin bat der Erfinder Johann Nepomuk Mälzel Beethoven, für einen von ihm gebauten Musikautomaten ein Werk über die Niederlage der Franzosen zu komponieren. Beethoven arbeitete seine Komposition *Wellingtons Sieg oder die Schlacht bei Vittoria* anschließend für großes Orchester um.

Die Uraufführung der Orchesterfassung fand im Dezember 1813 bei einer Wohltätigkeitsveranstaltung zugunsten verwundeter bayerischer und österreichischer Soldaten statt. Obwohl das Werk musikalisch-qualitativ aus heutiger Sicht sicher keinen Höhepunkt in Beethovens Schaffen darstellt, war das Publikum damals begeistert: Mit seinem ›Schlachtengemälde‹ wurde Napoleon sozusagen musikalisch besiegt. Beethoven hatte den Zeitgeschmack mit diesem Auftragswerk getroffen wie noch nie und war auf einmal im ganzen Volk populär.

Titelseite der Klavierausgabe von 1816

Die Orchesterfassung

Nach Beethovens Anweisungen wurden zwei Orchester – eines für das englische und eines für das französische Heer – an den gegenüberliegenden Seiten des Konzertsaals aufgestellt. Für das Schlagzeug verlangte der Komponist:

» … zwei große Trommeln, welche man gewöhnlich in den Theatern braucht, um einen Donnerschlag zu bewirken, wodurch die Kanonenschüsse bewirkt werden. Die Maschinen, Ratschen genannt, stellen das kleine Gewehrfeuer dar und werden gewöhnlich im Theater zum Krachen des Donners gebraucht. Die Trompeten … werden ebenfalls auf entgegen gesetzten Seiten in der Nähe der Kanonade geblasen … Auch müssen auf jeder Seite zwei gewöhnliche Militärtrommeln sein, welche … sich immer mehr und mehr nähern, um das Anrücken der Truppen recht täuschend vorzustellen.«

Verfolgt das Geschehen mithilfe der Verlaufsskizze auf der nächsten Seite.

Verlaufsskizze

1. Abteilung: Schlacht

Trommeln und Trompeten des englischen Heeres (CD I/17):

L. van Beethoven

Es folgt eine Bearbeitung des englischen Marschs *Rule Britannia, Rule the Waves* (= Herrsche, Britannien, herrsche über die Meere):

Trommeln und Trompeten des französischen Heeres (CD I/18):

Es folgt ein Spottlied auf den englischen General Marlborough nach dem Volkslied *Jolly Good Fellow* (= Ein guter Kamerad):

Nach weiteren Trompetensignalen von beiden Seiten beginnt der Kampf mit Kanonen und Gewehrschüssen (CD I/19).

2. Abteilung: Siegessinfonie

Der Sieg der Engländer wird durch die britische Hymne *God Save the King* verdeutlicht (CD I/20):

© Helbling, Rum/Innsbruck • Esslingen

Beethovens Sinfonien

Die klassische Sinfonie

*Mit **Barock** bezeichnet man in der abendländischen Kunstmusik die Stilepoche von etwa 1600 bis 1750. Die bekanntesten Barockkomponisten sind J. S. Bach und G. F. Händel.*

Die neun Sinfonien Beethovens zählen zu seinen Hauptwerken und werden heute noch sehr häufig in den Konzertsälen gespielt und auf Tonträgern aufgezeichnet.
Eine Sinfonie oder Sinfonia war in der Barockmusik ein Werk für Orchester ohne bestimmte Form. In Anlehnung an die Sonate entwickelte sich daraus zunächst eine dreisätzige Form mit der Satzfolge schnell – langsam – schnell.
Die klassische Sinfonie hat oft vier Sätze: An dritter Stelle wird ein Menuett oder Scherzo eingeschoben. Der Kopfsatz steht in der neu entwickelten Sonatensatzform. Die anderen Sätze haben unterschiedliche Formen (z. B. Liedformen, Rondo, freie Form).

Die Sonatensatzform

manchmal langsame Einleitung

Exposition = Aufstellung

- **Erstes Thema (Hauptsatz)** Haupttonart
- **Überleitung** führt in neue Tonart
- **Zweites Thema (Seitensatz)** meist Dominante / parallele Durtonart
- **Schlussgruppe** bestätigt neue Tonart

Durchführung = Verarbeitung

- schöpferisch-fantasievolle Gestaltungseinfälle des Komponisten
- arbeitet mit Themen und Ideen aus der Exposition
- Wechsel in andere Tonarten (Modulationen)
- am Ende: Hinführung zur Reprise

Reprise = Wiederaufnahme

- leicht veränderte Wiederholung der Exposition: erstes und zweites Thema stehen in der Haupttonart (keine Modulation)

häufig Coda = Schlussteil

Beethoven instrumental

Das Sinfonieorchester

Ende des 18. Jahrhunderts bildete sich erstmals eine Standardbesetzung für großes Orchester:

- Streicher: Violinen, Violen, Violoncelli, Kontrabässe
- Holzbläser: Flöten, Oboen, Klarinetten, Fagotte
- Blechbläser: Hörner, Trompeten
- Pauken

*Ein **Orchester** ist ein größeres Ensemble von Instrumentalisten mit mehrfacher Besetzung der Stimmen.*

Beethoven erweiterte die Besetzung in manchen Sinfonien zusätzlich um:

- Blasinstrumente: Piccoloflöte, Kontrafagott, Posaune
- Schlaginstrumente: Trommel, Triangel, Becken.
- Neu war auch die Einbeziehung von Chor und Solisten in eine Sinfonie (→ 9. Sinfonie, Seite 48).

Informiert euch über die Instrumente des heutigen Sinfonieorchesters.
▶ Schreibt die Namen der Instrumente zu den Abbildungen.
▶ Vergleicht die Besetzung mit dem Partiturausschnitt auf Seite 46.

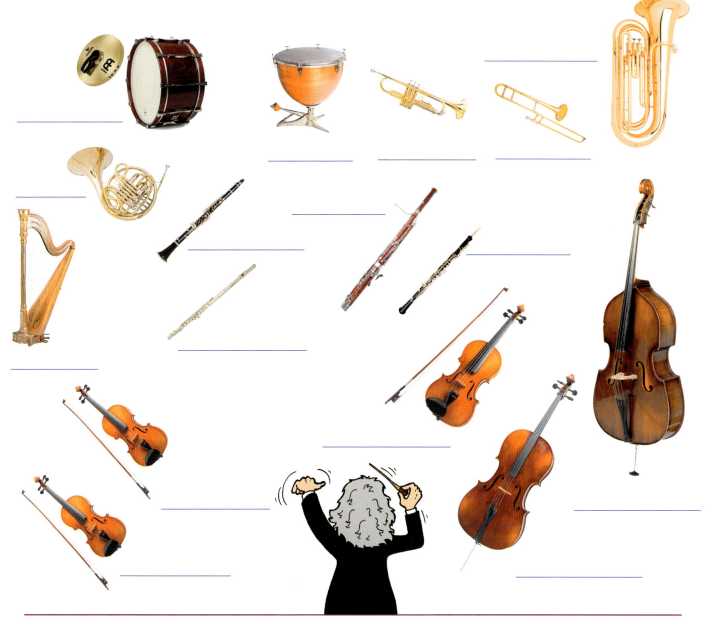

Übliche Instrumentenanordnung im Sinfonieorchester heute

Beethoven instrumental

Die dritte Sinfonie ›Eroica‹

Napoleon Bonaparte
(1769–1821) war ab 1796 Oberbefehlshaber der französischen Armee, ab 1799 Erster Konsul und von 1804–1815 Kaiser der Franzosen.

Beethovens gewaltige *3. Sinfonie* in Es-Dur (op. 55) geht auf eine außermusikalische Idee zurück. Beethoven bewunderte die Ideale und Leistungen des ehrgeizigen französischen Feldherrn Napoleon Bonaparte und wollte in seiner Sinfonie einen Helden darstellen, der für eine gerechte Welt kämpft und nach schweren Schicksalsschlägen schließlich siegt. Zunächst nannte Beethoven seine Sinfonie »*Sinfonia Grande, Intitulata Bonaparte*« (= Große Sinfonie, genannt Bonaparte).

Dass Napoleon sich 1804 aber selbst zum Kaiser krönte, enttäuschte Beethoven zutiefst. Er soll ausgerufen haben: »*Ist er auch nichts anders wie ein gewöhnlicher Mensch? Nun wird er auch alle Menschenrechte mit Füßen treten, nur seinem Ehrgeize frönen, er wird sich nun höher als alle anderen stellen, ein Tyrann werden!*« Er strich den Titel durch und schrieb neutraler: »*Heroische Sinfonie, komponiert, um das Andenken eines großen Mannes zu feiern*«.

Napoleon Bonarparte mit Grenadieren

Die Sinfonie wurde zunächst im Palais des Fürsten Lobkowitz, einem großen Förderer Beethovens, voraufgeführt. Die öffentliche Uraufführung fand dann im April 1805 im Theater an der Wien statt. Und obwohl sein Gehör bereits empfindlich beeinträchtigt war, dirigierte Beethoven selbst.

Hört die Satzanfänge mehrmals (CD I/21–24).
- Vollzieht den musikalischen Bogen der *Eroica* von den beiden wuchtigen Akkorden zu Beginn des 1. Satzes, auf denen das Hauptthema aufbaut, über den Trauermarsch des 2. Satzes, die hastigen, dämonisch ›wirkenden kurzen‹ Töne der Streicher im 3. Satz bis zum eher lyrischen Thema des 4. Satzes nach.
- Beschreibt die Sätze kurz. Wie könnten sie heißen?

Ein Thema – vier Fassungen

In Beethovens *3. Sinfonie* erklingt im 4. Satz (→ nächste Seite, CD I/28) ein Thema, das er in den Jahren davor bereits dreimal in verschiedenen Kompositionen verwendet hat: 1800 komponierte Beethoven Kontratänze, zu denen man damals bei Ballveranstaltungen gerne tanzte: Tanz Nr. 7 seiner *12 Contretänze für Orchester* enthält die Melodie erstmals (CD I/25). 1801 erklingt sie in der Ballettmusik *Die Geschöpfe des Prometheus* im Finale (CD I/26). Und 1802 verwendet Beethoven dasselbe Thema in seinen *15 Variationen für Klavier op. 35* (CD I/27).

Hört die verschiedenen Fassungen.
- Wer kann Beethovens ›Lieblingsmelodie‹ auf einem Instrument spielen?
- Vergleicht dann alle vier Versionen: Welche Unterschiede gibt es (z. B. in Bezug auf Tempo, Instrumente, Lautstärke)?

Lehrerinfo: Zwei Tänze zum *Eroica*-Thema finden Sie auf den Seiten 72/73.

Beethoven instrumental

Beethovens ›Lieblingsmelodie‹ in der Eroica

Seht euch die Besetzung an und klärt die Bedeutung der Abkürzungen.
▶ Markiert den Melodieverlauf beim Hören (CD I/28) in der Partitur.

Mitlesepartitur
3. Sinfonie Eroica, 4. Satz (Ausschnitt)

L. van Beethoven

Beethoven instrumental

Beethoven instrumental

Die fünfte Sinfonie ›Schicksalssinfonie‹

Mit dem Ausspruch: »*So pocht das Schicksal an die Pforte!*« soll Beethoven das berühmte Thema seiner *5. Sinfonie* in c-Moll (op. 67) charakterisiert haben. Auch wenn der Wahrheitsgehalt dieser Anekdote zweifelhaft ist, verdankt die Sinfonie diesem Ausspruch ihren Beinamen *Schicksalssinfonie*.

Bis heute beschäftigen sich viele Musiker und Musikwissenschafter mit Beethovens Werken. Seine ›Fünfte‹ wird als eine »*musikalisch objektivierte Erzählung von Niederlage und Triumph, vom ewigen menschlichen Schicksalskampf, von Leid und Erlösung*« beschrieben.

Beethoven sah das Schicksal nicht als Verhängnis, dem der Mensch machtlos gegenüber steht, sondern glaubte an die Kraft des Menschen, in sein Schicksal einzugreifen: Er selbst, von seiner Krankheit gebeutelt, wollte ihm »*in den Rachen greifen*«, ihm »*trotzen*«, denn, so schrieb er: »*ganz niederbeugen soll es mich nicht*«.

1808 wurde die Sinfonie im Theater an der Wien auf einem von Beethoven selbst veranstalteten Konzert – einer so genannten Akademie – uraufgeführt.

Theater an der Wien

Hört den Beginn des ersten Satzes (CD I/30).
▶ Achtet besonders auf das aus nur vier Tönen bestehende rhythmisch prägnante ›Schicksalsmotiv‹, das zur Keimzelle des ganzen Werkes wird.

Die fünfte Sinfonie einmal anders

Viele Künstler des 20./21. Jahrhunderts haben sich kreativ mit Beethovens Werk auseinandergesetzt und Kompositionen, Szenen, Klanginstallationen oder Filme geschaffen, die auf Beethovens Kompositionen Bezug nehmen.

Hört das Stück ›The 5th‹, eine Bearbeitung der 5. Sinfonie Beethovens durch die Rockband Ekseption (CD I/29).
▶ Welches Instrument spielt den Rhythmus des Schicksalsmotivs?
▶ Was spielen die übrigen Instrumente?
▶ Welche berühmte Klaviersonate Beethovens klingt an (➔ Seite 14)?

Ekseption war in den 1960er und 70er-Jahren eine Symphonic Rock-Formation aus den Niederlanden.

Beethoven instrumental

›Ich bin ein Star‹ – eine Szene

Beethoven war ein selbstbewusster Musiker. Dies zeigt unter anderem ein Ausspruch, den er eines Tages in einem Streit gegenüber seinem Freund und Förderer Fürst Lichnowsky geäußert haben soll: »*Fürst! Was Sie sind, sind Sie durch Zufall und Geburt. Was ich bin, bin ich durch mich. Fürsten gibt es Tausende. Beethoven nur einen.*«

In der Szene *Ich bin ein Star* steht ein selbstbewusster Musiker – vielleicht Beethoven – oder eine Musikerin auf der Bühne. Im Publikum finden sich überzeugte Fans wie auch Unentschiedene, die noch nicht genau wissen, was sie von dem Star halten sollen. Zwischen diesen Gruppen entsteht ein Dialog.

Lest den Text der Szene.
▶ Was hat die Szene mit dem Beginn von Beethovens 5. Sinfonie zu tun? Hört die Musik noch einmal (CD I/30) und vergleicht Rhythmus und Ablauf mit dem Szenentext!
▶ Probt die Szene in Gruppen und führt sie anschließend in der Klasse vor: Drückt Überzeugung und Begeisterung bzw. Zweifel mit Stimme und Gesten deutlich aus, baut dynamische Veränderungen (laut-leise, lauter werden-leiser werden etc.) ein und steigert die Performance bis zum Höhepunkt am Schluss.

Text der Szene

Musiker: Ich bin ein Star!   Ich bin ein Star!

Publikum

Person 1: Sie/Er ist ein Star!
Person 2: Ist sie/er ein Star?
Person 3: Ja, das ist wahr!
Person 4:

Person 1: Sie/Er ist ein Star!
Person 2: Ist das auch wahr?
Person 3:
Person 4: Ist sie/er ein Star?

Person 1:
Person 2: Ist das auch wahr?
Person 3: Sie/Er ist ein Star! Ja!
Person 4: Ist das auch wahr?

Person 1: Sie/Er ist ein Star! Na klar!
Person 2: Ja?
Person 3: Sie/Er ist ein Star! Na klar!
Person 4: Ja?

Person 1: Seht unsern Star!
Person 2: Seht unsern Star!
Person 3: Seht unsern Star!
Person 4: Seht unsern Star!

Beethoven instrumental

I/30–35

Sound & Light

Spielt den Spiel-mit-Satz zur Exposition im 1. Satz.

- Hört den Anfang der *5. Sinfonie* noch einmal (CD I/30). Wie hat Beethoven das musikalische Material ›kurz-kurz-kurz-lang‹ verarbeitet? Welche Instrumentengruppen spielen das Schicksalsmotiv?
- Stellt euch mit Taschenlampen in drei Gruppen auf. Jede Gruppe ›spielt‹ eine Zeile des Spiel-mit-Satzes (langsamere Aufnahmen CD I/34 oder 35). Schaltet eure Taschenlampen zur Musik an und aus: Gruppe 1 in Kopfhöhe, Gruppe 2 in Brusthöhe und Gruppe 3 in Bauchhöhe. Alternativ könnt ihr einfach eure Fäuste öffnen und schließen!

Spiel-mit-Satz
Zu: 5. Sinfonie, 1. Satz (Exposition)

Musik: frei nach L. van Beethoven
Spiel-mit-Satz: W. Kern
© Helbling, Rum/Innsbruck

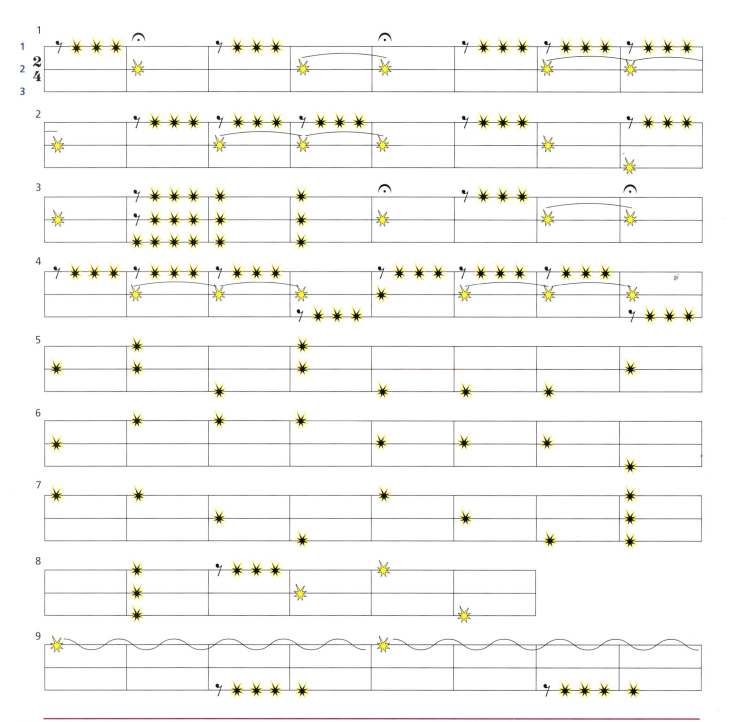

Beethoven instrumental

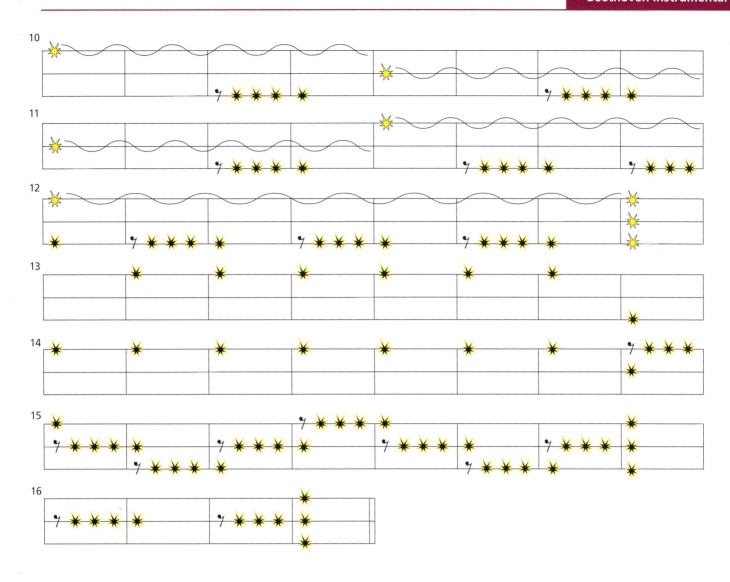

Vorübungen

wiederkehrendes Motiv (CD I/31):   zu Zeile 15, Takt 3/4 (CD I/32):   zu Zeile 12, Takt 6–8 (CD I/33):

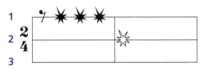 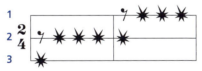 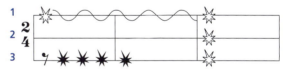

Symbol	Legende
✹	Taschenlampe einschalten und sofort wieder ausschalten
✵	Taschenlampe einschalten und nach einer Halben Note wieder ausschalten
✵⌒✵	Taschenlampe über mehrere Takte anlassen
✵∿	Taschenlampe einschalten und in Wellenbewegungen seitlich vor dem Körper in Schlangenlinien, Kreisen usw. hin und her bewegen

© Helbling, Rum/Innsbruck • Esslingen

Die sechste Sinfonie ›Pastorale‹

*Der Begriff **Pastorale** (lateinisch pastor = Hirte) bezeichnet in der Musik ein Hirtenlied oder im weiteren Sinn eine Komposition ländlichen Charakters. Pastoralen stehen im 6/8- oder 12/8-Takt.*

Beethovens 6. Sinfonie in F-Dur (op. 68) mit dem Beinamen *Pastorale* entstand 1807 bis 1808 in den Wiener Vororten Nussdorf und Heiligenstadt und wurde im Dezember 1808 zusammen mit der 5. Sinfonie uraufgeführt. Mit der *Pastorale*, in der Beethoven Elemente der klassischen Sinfonie und der Naturschilderung verbindet, reiht sich Beethoven in eine lange Tradition ein. Schon seit der Antike ist die Darstellung von ländlichen Szenen und Hirtenleben ein beliebtes Thema in Literatur, bildender Kunst und Musik. An Beethovens Naturliebe erinnert sich der englische Pianist Charles Neate, der Beethoven 1815 besuchte. Er sei »*... nie mit einem Menschen zusammen gekommen ..., welcher sich so an der Natur erfreute und eine solche Freude an Blumen, Wolken, kurz an Allem und Jedem hatte wie Beethoven: die Natur war gleichsam seine Nahrung ...*«.

Jeder der fünf Sätze der *Pastorale* trägt einen programmatischen Titel. Allerdings warnt Beethoven vor ihrer wörtlichen Auslegung: »*Wer auch nur je eine Idee vom Landleben erhalten, kann sich ohne viel Überschriften selbst denken, was der Autor will. Auch ohne Beschreibung wird man das Ganze, welches mehr Empfindung als Tongemälde, erkennen.*«

Beethoven beim Komponieren in der Natur

Titel und Tempoangaben

1. Satz: Erwachen heiterer Empfindungen bei der Ankunft auf dem Lande. Allegro ma non troppo
2. Satz: Szene am Bach. Andante molto moto
3. Satz: Lustiges Zusammensein der Landleute. Allegro
4. Satz: Gewitter, Sturm. Allegro
5. Satz: Hirtengesang. Frohe und dankbare Gefühle nach dem Sturm. Allegretto

> **In welchen Tempi sollen die Sätze der Pastorale gespielt werden?**
> ▶ Erklärt die Tempobezeichnungen.

Info **Tempoangaben**

Mit den meist italienischen Tempoangaben gibt der Komponist an, wie schnell sein Werk ungefähr zu spielen ist. Häufige Tempoangaben sind:
- langsam: *Largo, Larghetto, Lento, Adagio*
- mittel: *Andante, Andantino, Moderato, Allegretto*
- schnell: *Allegro, Vivace, Presto, Prestissimo*

Durch zusätzliche Vortragsbezeichnungen kann der Komponist Tempo und Ausdruck noch genauer festlegen. Üblich sind z. B.:
- *cantabile:* gesanglich
- *molto moto:* sehr bewegt
- *ma non troppo:* aber nicht zu sehr
- *con brio:* mit Feuer

Beethoven instrumental

Szene am Bach

I/36–38

Am Ende des 2. Satzes lässt Beethoven drei Vögel durch Instrumente nachahmen.
▶ Hört zunächst die Vogelstimmen von Wachtel, Kuckuck und Nachtigall (CD I/36) und dann mehrmals den Ausschnitt aus der *Pastorale* (CD I/37).
▶ Schreibt auf, welcher Vogel und welches Instrument zu jeder Notenzeile gehören.

L. van Beethoven

Querflöte
Nachtigall
Oboe

Zeile	Instrument	Vogel
1		
2		
3		

Kuckuck
Klarinette
Wachtel

Lustiges Zusammensein der Landleute

Im 3. Satz tanzt das Landvolk (CD I/38) einen derben Tanz im 2/4-Takt.
▶ Hört die Musik und spielt dann auf Körperinstrumenten mit.

Spiel-mit-Satz
Spiel-mit-Satz: W. Kern

Zu: Tanz der Landleute

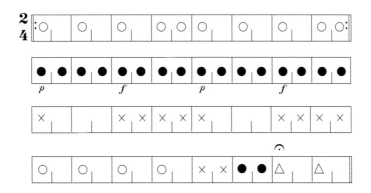

	Körperinstrumente	Rhythmusinstrumente
○	leise aufstampfen	Handtrommel mit Schlägel
●	klatschen	Schellenstab
×	auf die Oberschenkel patschen	Claves
△	schnipsen	Triangel

Lehrerinfo: ☐ = 1 Takt

Beethoven instrumental

Hirtengesang

Im 5. Satz erklingt der Hirtengesang (CD I/39).
▸ Hört die Melodie des ›Gesangs‹ zu Beginn des Satzes und spielt dann den Musiziersatz.

Musiziersatz
Hirtengesang

frei nach L. van Beethoven
Satz: W. Kern
© Helbling, Rum/Innsbruck

Hirten mit ihrer Kuhherde

Die siebte Sinfonie

Am 8. Dezember 1813 dirigierte Beethoven im Saal der alten Universität in Wien ein besonderes Konzert: die Uraufführung seiner 7. Sinfonie in A-Dur (op. 92). Etwa zwei Jahre lang hatte er an der Partitur gearbeitet und er selbst bezeichnete das Ergebnis »*als eins der glücklichsten Produkte meiner schwachen Kräfte*«. Die Uraufführung wurde zu einem spektakulären Erfolg Beethovens, der schon damals im In- und Ausland als einer der größten Komponisten verehrt wurde. Auch bei den folgenden Aufführungen übte gerade der 2. Satz eine so große Wirkung auf das Publikum aus, dass es ihn ›da capo‹ verlangte, d. h. der Satz musste sofort noch einmal wiederholt werden.

Hört den Beginn des 2. Satzes mehrmals (CD I/40).
- Wie klingt der Beginn des Satzes?
- Wie wirkt die Musik auf euch?
- Mit welchen musikalischen Mitteln erreicht Beethoven diese Wirkung?
- Wodurch erreicht Beethoven eine Steigerung innerhalb der ersten 76 Takte?
- Seht euch die Besetzung in der Partitur (→ nächste Seite) an und klärt die Bedeutung der Abkürzungen.
- Markiert in den Noten den zweitaktigen Grundrhythmus, das erste und das zweite Thema. In welchen Stimmen erklingen sie nacheinander?
- Vollzieht eure Analyse beim erneuten Hören in der Partitur nach und klopft den Grundrhythmus mit.

Info | **Die Partitur**

In einer Partitur sind die Stimmen der an einem Musikstück beteiligten Instrumente untereinander angeordnet. Die Anordnung richtet sich nach den Instrumentalgruppen und innerhalb der Gruppen nach der Höhenlage der Instrumente. Von oben nach unten stehen:
- Holzbläser: Flöte, Oboe, Klarinette, Fagott
- Blechbläser: Horn, Trompete, Posaune, Tuba
- Schlaginstrumente
- Harfe / Klavier
- Gesang
- Streicher: Violinen, Violen, Violoncelli, Kontrabässe

Die alte Wiener Universität

Mitlesepartitur
7. Sinfonie, 2. Satz (Takt 1–76)

Beethoven instrumental

L. van Beethoven

Beethoven instrumental

Die neunte Sinfonie

*Mit **Romantik** wird in der abendländischen Kunstmusik die Epoche bezeichnet, die Anfang des 19. Jahrhunderts an die Klassik anschließt.*

Im Mai 1824 wurde Beethovens 9. *Sinfonie* in d-Moll (op. 125) im Wiener Kärntertortheater uraufgeführt. »*Herr Ludwig van Beethoven selbst wird an der Leitung des Ganzen Antheil nehmen*« stand im Programm und so war es auch. Beethoven hat sein Werk allerdings kaum gehört – zum Zeitpunkt der Komposition und der Uraufführung war er längst stark schwerhörig. Er musste sogar auf den jubelnden Applaus des Publikums aufmerksam gemacht werden, damit er sich bedanken konnte.

In den letzten Satz seiner 9. *Sinfonie* hatte Beethoven Schillers Ode *An die Freude* eingefügt. Die Ode lag Beethoven sehr am Herzen: Denn die darin verkündete Botschaft von der Gleichberechtigung aller Menschen und der Freundschaft waren weltanschauliche Leitgedanken seines Lebens. Das Publikum war begeistert, die Meinungen der Kritiker und Fachleute gingen dagegen auseinander, denn die Verwendung von Singstimmen in einer Sinfonie war bis dahin vollkommen unüblich. Mit seinen Erweiterungen der sinfonischen Form eröffnete Beethoven letztlich aber neue Wege, die von den Komponisten der Romantik aufgegriffen wurden.

> **Info Die Ode ›An die Freude‹**
>
> - Eine **Ode** (griechisch = Gesang) ist ein feierliches Gedicht in Strophenform, das sich an ein Gegenüber richtet. Zur Würde und Größe der behandelten Themen passend wird meist ein pathetischer Sprachstil verwendet.
> - Friedrich Schiller (1759–1805) schrieb die **Ode *An die Freude*,** eins seiner berühmtesten Gedichte, 1785. Die Ode richtet sich, wie der Titel schon sagt, an die (personifizierte) Freude, die er auch als ›Tochter aus Elysium‹ bezeichnet.
> - Das **Elysium** ist in der griechischen Mythologie die Insel der Seligen. Auf sie werden die von den Göttern geliebten Helden versetzt und erlangen Glück und Unsterblichkeit. Im weiteren Sinn wird mit ›Elysium‹ allgemein das Glück bezeichnet.

II/CD-ROM Text als PDF

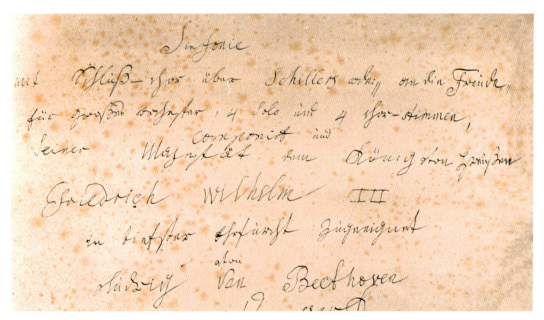

Titelblatt der 9. Sinfonie

Das Hauptthema von Beethovens Vertonung der Ode *An die Freude* wurde 1972 zur Europahymne erklärt. Die Hymne wird seither bei vielen festlichen Anlässen gespielt oder mit verschiedenen Texten gesungen.

Interpretiert den Liedtext auf der nächsten Seite.
▶ Singt dann das Lied (CD II/1).

Beethoven instrumental

Freude schöner Götterfunken

Musik: L. van Beethoven
Text: F. Schiller
Klaviersatz: J. Sulz

1. Freude schöner Götterfunken, Tochter aus Elysium,
wir betreten feuertrunken, Himmlische, Dein Heiligtum.
Deine Zauber binden wieder, was die Mode streng geteilt,
alle Menschen werden Brüder, wo dein sanfter Flügel weilt.

2. Wem der große Wurf gelungen, eines Freundes Freund zu sein,
wer ein holdes Weib errungen, mische seinen Jubel ein!
Ja, wer auch nur eine Seele sein nennt auf dem Erdenrund!
Und wer's nie gekonnt, der stehle weinend sich aus diesem Bund.

Der spanische Schlagersänger Miguel Rios ist durch seine englischen Fassung des Stückes, den *Song of Joy,* weltberühmt geworden.

1. Come, sing a song of joy
for peace shall come, my brother.
Sing, sing a song of joy
for men shall love each other.
That day will dawn just as sure
as hearts that are pure are hearts set free.
No man must stand alone
with out-stretched hand before him.

2. Come, sing a song of joy
of freedom tell the story.
Sing, sing a song of joy
for making in his glory.
One mighty voice that will bring a
sound that will ring forever more.
Then sing a song of joy
for love and understanding.

Text: R. Parker

Lehrerinfo: Eine weitere deutsche Strophe finden Sie in den didaktischen Anmerkungen auf dem CD-ROM-Teil der CD II.

Beethoven instrumental

O Freunde, nicht diese Töne

Frauenstimmen
Sopran = hoch
Alt = tief

Männerstimmen
Tenor = hoch
Bariton = mittel
Bass = tief

Hört den Anfang des 4. Satzes (CD II/2).
▶ Lest in der Partitur mit.

Mitlesepartitur
9. Sinfonie, 4. Satz (Ausschnitt)

L. van Beethoven

Beethoven instrumental

51

Beethoven und die Wiener Secession

*Die Künstlervereinigung **Wiener Secession** wurde 1897 gegründet. Sie wollte die Kunst erneuern und zu einem integrativen Bestandteil der Wohn- und Lebenskultur machen.*

1902 planten die Künstler der *Wiener Secession* eine Ausstellung zur Würdigung Beethovens. Die Künstler wollten Architektur, Malerei, Skulptur und Musik in einem Gesamtkunstwerk zusammenführen. Im Mittelpunkt der Ausstellung stand die von Max Klinger (1857 – 1920) gestaltete Beethovenskulptur: Klinger stellt Beethoven auf einem Thron sitzend wie einen antiken Gott dar. Die Hände sind geballt, der Gesichtsausdruck konzentriert und energisch. Die Skulptur soll zeigen, wie der Komponist durch seine Leistungen zu den Göttern emporgehoben wird. Sie gilt heute als Inbegriff der heroischen Beethovendarstellung.

Der Maler Gustav Klimt (1862 – 1918) schuf für die Ausstellung den berühmten 34 × 2 Meter großen Beethovenfries, mit dem er die Worte Schillers und die Musik Beethovens in Bilder zu fassen versucht. Er bemalte drei Wände mit Figuren, die Leid, Sehnsucht, Leidenschaft, Gefahr und Glück symbolisieren. Von links nach rechts ›gelesen‹ ergibt sich eine zusammenhängende Erzählung.

II/CD-ROM Text als PDF

> **Lest den Textauszug der Ode ›An die Freude‹ und seht euch den Ausschnitt aus dem Beethovenfries an.**
> ▶ Auf dem Bild seht ihr links fünf hintereinander stehende Frauen. Sie stellen die Künste dar, die in das ideale Reich führen, in dem die Menschen reine Freude, reines Glück und reine Liebe finden können. Daneben seht ihr im Hintergrund den Chor der Paradiesengel und vorne ein Paar in inniger Umarmung. Wofür stehen diese Figuren? Vergleicht das Bild mit dem Text der Ode!
> ▶ Sucht im Internet weitere Ausschnitte aus dem Beethovenfries. Setzt die Bilder zur Ode in Verbindung!

Ausschnitt aus dem Beethovenfries: Künste, Chor und Umarmung

Lehrerinfo: Einen Textauszug der Ode finden Sie auf dem CD-ROM-Teil der Doppel-CD.

Beethoven instrumental

Beethoven am Klavier

II/3–9

Beethoven schrieb zahlreiche Werke für Klavier oder Klavier und andere Instrumente. Besonders bekannt sind seine Klaviersonaten und Klavierkonzerte. Er schrieb aber auch Variationen, Tänze, Trios und Rondos für Klavier.

Rondo

Schon als Kind komponierte Beethoven mehrere Musikstücke. Zunächst hatte er bei seinem Vater, der selber Hofmusiker war, gelernt, und ab 1782 erhielt er Unterricht bei dem damals hoch angesehenen Klavierlehrer Christian Gottlob Neefe. Dieser war von seinem neuen Schüler begeistert und schrieb sogar in einer Zeitung über ihn. Er bezeichnete Beethoven darin als junges Genie und verglich ihn mit dem berühmten Komponisten Mozart. Das war für den jungen Ludwig van Beethoven eine große Auszeichnung! Mit nur 13 Jahren schrieb Beethoven 1783 ein Rondo, das noch im selben Jahr veröffentlicht wurde.

*In einem **Rondo** (= Rundgesang) wechselt ein regelmäßig wiederkehrender Teil A (Refrain) mit Zwischenteilen (Couplets) ab.*

Hört das Rondo (CD II/3–9).
▸ Welche Reihenfolge der Kärtchen passt zur Musik?
▸ Warum kommt das rote Kärtchen mehrmals vor?
▸ Nummeriert die Kärtchen beim erneuten Hören in der richtigen Reihenfolge. Übertragt dann die Farben in den Verlaufsbalken unten.

II/CD-ROM
Puzzleteile als PDF

Verlaufsbalken

Lehrerinfo: Um die Gesamtaufnahme des Rondos zu hören (CD II/3–9), wählen Sie Track 3 an und lassen die Aufnahme bis zum Ende von Track 9 durchlaufen./Wenn Sie die Puzzleteile und die Notenausschnitte von der nächsten Seite kopieren bzw. vom CD-ROM-Teil ausdrucken und ausschneiden lassen, können die Schüler sie in der richtigen Reihenfolge auslegen und zuordnen.

© Helbling, Rum/Innsbruck • Esslingen

Beethoven instrumental

II/3–9

Notenpuzzle

> **Seht euch die Notenausschnitte an, die jeweils den Beginn eines Rondoteils markieren.**
> ▶ An welchen Merkmalen könnt ihr die Ausschnitte voneinander unterscheiden?
> ▶ Hört die kurzen Tonbeispiele mehrmals (CD II/3–9) und ordnet die Noten den Tonbeispielen zu. Tragt die Nummern in der richtigen Reihenfolge in den Verlaufsbalken unten ein.

Rondo in C-Dur WoO 48
Ausschnitte

L. van Beethoven

Verlaufsbalken

TB 1	TB 2	TB 3	TB 4	TB 5	TB 6	TB 7

Lehrerinfo: Die Gesamtaufnahme des *Rondos* ist mit 7 Trackpunkten versehen: Es erklingen die Ausschnitte von dieser Seite. Wählen Sie die Tracks in beliebiger Reihenfolge an und blenden Sie sie jeweils nach wenigen Takten aus.

Rhythmus-Rondo

Komponiert euer eigenes Rondo mit dem Refrain A und den Couplets B, C und D.
▸ Ergänzt die fehlenden Takte mit passenden Notenwerten. Es gibt verschiedene Möglichkeiten.
▸ Klatscht das Rondo eurem Tischnachbarn vor.

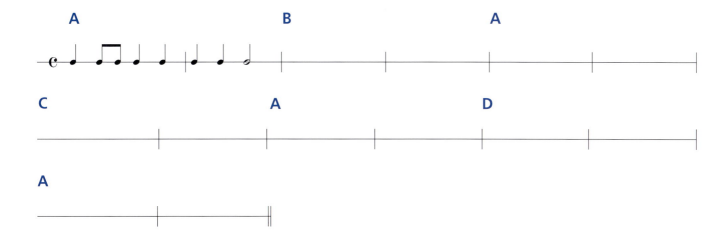

Beethoven instrumental

Das vierte Klavierkonzert

*Ein **Klavierkonzert** ist ein Musikstück in mehreren Sätzen, bei dem das Klavier als Soloinstrument von einem Orchester begleitet wird.*

Beethoven hatte sich in Wien schon früh einen Namen als Pianist gemacht. Am meisten beeindruckte das Publikum seine kraftvolle Ausstrahlung, seine Brillanz und seine Ausdrucksfähigkeit. Auch seine Improvisationen – oder sein ›Phantasieren‹, wie es damals genannt wurde – haben seine Zeitgenossen sehr fasziniert.

Beethoven schrieb fünf Konzerte für Klavier und Orchester und übernahm bei den Aufführungen häufig selbst den Solopart. So saß er auch bei der Uraufführung seines *4. Klavierkonzerts* in G-Dur (op. 58) im März 1807 selber am Klavier. Im 2. Satz hören wir einen besonderen Dialog zwischen Klavier und Orchester: Viele Menschen haben überlegt, wie man die beiden Instrumentalparts deuten könnte. Vielleicht als »Schicksal – Hoffnung« oder »Zurückweisung – Bitten«?

> **Hört Beginn (CD II/10) und Schluss (CD II/11) des 2. Satzes.**
> ▸ Verfolgt die ersten und letzten Takte in der Partitur auf der nächsten Seite. Wie entwickelt sich der Dialog zwischen Klavier und Orchester?
> ▸ Beschreibt die Dialogpartner mit wenigen Worten.
> ▸ Stellt den Dialog als Schattenspiel dar (➔ Tipp), während ihr die Musik hört. Konzentriert euch beim Spielen ganz auf den Schattenriss eurer Hände!

| **Tipp** | **Schattenspiel** |

- **Bühne:** Spannt ein weißes Betttuch zwischen zwei Stellwände und stellt einen Overheadprojektor dahinter.
- **Aufführung:** Mehrere Schülerpaare stehen hinter der Bühne. Ein Paar spielt zur Musik, die laut genug gestellt wird, um den Raum zu füllen und die Spieler zu ›tragen‹. Es wird nicht verraten, welches Paar spielt.

Lehrerinfo: Die Gesamtaufnahme des Satzes ist mit 2 Trackpunkten versehen: So können Sie Beginn und Schluss gesondert anwählen.

Mitlesepartitur
4. Klavierkonzert, 2. Satz

L. van Beethoven

Beginn (Takt 1–13, CD II/10)

Schluss (Takt 67–72, CD II/11)

Beethoven instrumental

Klaviertrio

*Ein **Trio** ist eine Komposition für drei Instrumentalisten. Bei einem **Klaviertrio** musiziert das Klavier zusammen mit Violine und Violoncello.*

Joseph Haydn (1732–1809) war ein führender Komponist der Wiener Klassik. Er war fast 30 Jahre lang als Hofmusiker bei der wohlhabenden Familie Esterházy tätig.

Beethoven komponierte 1794/95 drei Trios für Klavier, Violine und Violoncello und veröffentlichte sie als ›opus 1‹ (= 1. Werk). Schon zuvor hatte er einige Werke veröffentlicht. Doch mit den Klaviertrios sollte sein Schaffen einen neuen Anfang nehmen: Beethoven hatte zu einem eigenen Stil gefunden.

Die Erstaufführung der Klaviertrios fand bei einer vornehmen Abendveranstaltung des Fürsten Lichnowsky statt: Die Trios erregten sogleich allgemeines Interesse. Doch die Meinungen waren geteilt. Beethovens ehemaliger Kompositionslehrer Joseph Haydn lobte die Trios zwar, riet aber von der Veröffentlichung des dritten Trios in c-Moll ab, da er befürchtete, das Publikum könnte das Werk nicht verstehen. Ein zeitgenössischer Musikkritiker bezeichnete die Musik gar als »*ziemlich confuse Explosionen dreisten Uebermuthes eines jungen Menschen von Talent*«. Dennoch setzte sich das dritte Klaviertrio schon bald durch und wird bis heute als das bedeutendste der Reihe angesehen.

Rollenspiel

Bei einer Soiree im Palast des Fürsten Lichnowsky spielt Beethoven 1795 mit zwei weiteren Musikern sein Klaviertrio op. 1, Nr. 3. Nach der Aufführung entsteht ein Gespräch zwischen Beethoven und Haydn (➔ nächste Seite) über das Trio.

Lest den Text des Rollenspiels gemeinsam und spielt dann die Szene.
▶ Sprecht laut, langsam und möglichst frei.
▶ Kleine Requisiten wie Hüte, Tücher usw. helfen euch, in die Rollen hineinzufinden.

Diskutiert zum Abschluss die Frage des Erzählers:
▶ Welche Aufgabe hat die Musik nach Meinung von Haydn bzw. Beethoven?
▶ Stimmt ihr einem der beiden zu? Was erwartet ihr von ›guter‹ Musik?

Rollenspiel-Text

Erzähler: An einem milden Winterabend des Jahres 1795 trifft sich die Wiener Kunstwelt bei einer Soiree im Palast des Fürsten Lichnowsky. Der Fürst hat die illustre Gesellschaft – unter ihnen der berühmte Komponist Joseph Haydn und sein ehemaliger Kompositionsschüler Ludwig van Beethoven – geladen, um einigen neuen musikalischen Werken zu lauschen. Beethoven stellt auch selber ein Werk vor.

Einige Personen stehen im Raum herum und unterhalten sich leise; andere sitzen schon gespannt auf ihren Plätzen, denn das Konzert soll gleich beginnen. Da tritt Beethoven vor und spricht zu den anwesenden Gästen.

Beethoven: Verehrter Fürst, meine sehr geehrten Damen und Herren: Heute möchte ich Ihnen meine neuesten Kompositionen, drei Klaviertrios, vorstellen. Ich freue mich besonders, dass auch mein verehrter Lehrer Herr Haydn schon aus London zurück ist und hier unter uns weilt. *(Beethoven verneigt sich in Haydns Richtung.)* Und nun hoffe ich, verehrtes Publikum, dass Ihnen meine Musik gefällt.

Beethoven und zwei weitere Musiker nehmen Platz und beginnen zu spielen.

(CD-Ausschnitt Klaviertrio op. 1, Nr. 3 erklingt)

Als das Stück zu Ende ist, applaudiert das Publikum. Beethoven bemerkt jedoch, dass Haydn bewegungslos mit düsterer Miene da sitzt. Er ist verwundert und auch ein wenig verärgert. Schnell erhebt er sich und eilt auf Haydn zu.

Beethoven: Herr Haydn, Sie sehen gar nicht zufrieden aus. Wie muss ich das verstehen? Hat Ihnen meine Musik etwa nicht gefallen?

Erst wenige, dann immer mehr Gäste drehen sich um und hören den beiden zu.

Haydn: Nun, Beethoven, Sie haben schöne Gedanken, die man noch nicht gehabt hat. Dennoch muss ich Ihnen davon abraten, das dritte Trio herauszugeben. Es wird den Wienern nicht gefallen.

Beethoven: Wie kommen Sie darauf?

Haydn: Ihre Musik klingt so stürmisch, so wild. Die Menschen möchten sich aber entspannen und unterhalten werden. Ihre Musik müsste heiterer, leichter klingen.

Beethoven: Oh nein, der Meinung bin ich nicht! Musik ist doch mehr als bloße Unterhaltung und Spaß. Wahre Kunst ist eigensinnig. Ich gehe sogar so weit zu sagen, dass man aus der Musik heraus hören sollte, was der Komponist empfunden hat, als er sie schrieb.

Haydn: Ach, Beethoven *(schüttelt energisch den Kopf)*. Das Publikum interessiert sich doch nicht für Ihre Empfindungen!

Erzähler: An dieser Stelle verlassen wir die Soiree bei Fürst Lichnowsky. Wir haben genug gehört. Welcher der beiden Komponisten hat Recht? Was meint ihr?

Beethoven instrumental

II / 12, 13

Beethovens und Haydns Musik im Vergleich

Vergleicht Beethovens Klaviertrio von 1794/95 (CD II/12) mit der Klaviersonate in D-Dur (Hob. XVI/37) von Haydn aus dem Jahr 1780 (CD II/13).
- Hört den Beginn des 4. Satzes von Beethovens Klaviertrio noch einmal. Wie klingt die Musik für euch?
- Notiert eure Höreindrücke mit Hilfe von graphischen Zeichen.
- Warum klingt die Musik so? Entdeckt ihr in den Noten musikalische Elemente, die zu dieser Wirkung beitragen?

Mitlesepartitur
Klaviertrio c-Moll op. 1, Nr. 3, 4. Satz (Beginn)

L. van Beethoven

Hört zum Vergleich den Beginn des 3. Satzes der Klaviersonate von Haydn (CD II/13).
- Wie klingt die Musik für euch?
- Notiert eure Höreindrücke mit Hilfe von graphischen Zeichen.
- Warum klingt die Musik so? Entdeckt ihr in den Noten musikalische Elemente, die zu dieser Wirkung beitragen?

Mitlesepartitur
Klaviersonate D-Dur Hob. XVI/37, 3. Satz (Beginn)

J. Haydn

Beethoven instrumental

Die Wut über den verlorenen Groschen

II/14–16

1795 schrieb Beethoven ein Rondo mit dem Titel *Leichte Kaprice – alla ingharese* (von italienisch *ungherese* = ungarisch): Es sollte also ein scherzhaftes, launiges und temperamentvolles Musikstück sein. Zu einem der bekanntesten Werke der Klavierliteratur wurde es allerdings unter dem Namen, den der Verleger Diabelli dem Stück nach Beethovens Tod gab und der zu Beethoven und zu seinem Klavierstück nicht schlecht passte: *Die Wut über den verlorenen Groschen*.

*In einem **Rondo** (= Rundgesang) wechselt ein regelmäßig wiederkehrender Teil A (Refrain) mit Zwischenteilen (Couplets) ab.*

Hört euch das Musikstück mehrmals an.
▶ Geht zur Musik durch den Raum. Immer wenn die Anfangsmelodie erklingt, sucht ihr mit Augen und Händen nach dem verlorenen Groschen.
▶ Singt den Beginn auf die Silben »dum« und »daba-daba-da« mit und versucht dann die Melodie des A-Teiles nach dem Gehör auf einem Melodieinstrument nachzuspielen.
▶ Spielt den Musiziersatz.
▶ Spielt das ›Hand und Fuß-Theater‹ (→ Tipp) zum Musiziersatz oder zum Tonbeispiel.

Tipp | Hand und Fuß-Theater

◆ Vorbereitende Übung: Probiert im Sitzen Bewegungen mit den Händen oder mit den Füßen aus, die zur Musik passen.
◆ Errichtet das ›Hand und Fuß-Theater‹: Hängt ein großes Tuch auf ein straff gespanntes Seil, so dass von den auf Stühlen sitzenden Spielern oben nur die hochgehaltenen Hände und unten nur die Füße sichtbar sind.
◆ Wenn ihr mit den Händen spielt, zieht die Füße hoch, so dass sie für die Zuschauer nicht mehr zu sehen sind; spielt ihr mit den Füßen, nehmt ihr die Hände herunter.
◆ Tragt bei der Aufführung bunte Handschuhe und Socken oder besondere Schuhe!
◆ Besonders wirkungsvoll ist das ›Hand und Fuß-Theater‹ bei Beleuchtung mit Schwarzlichtlampen: Tragt dafür schwarze Kleidung und weiße Handschuhe und Socken.

II/CD-ROM
Videosequenz

Lehrerinfo: Wählen Sie für die erste Aufgabe CD II/14 an. Zum Mitsingen und für das ›Hand und Fuß-Theater‹ bieten sich die beiden langsameren Aufnahmen (CD II/15,16) an.

© Helbling, Rum/Innsbruck • Esslingen

Musiziersatz
Die Wut über den verlorenen Groschen (Beginn)

frei nach L. van Beethoven
Satz: W. Kern

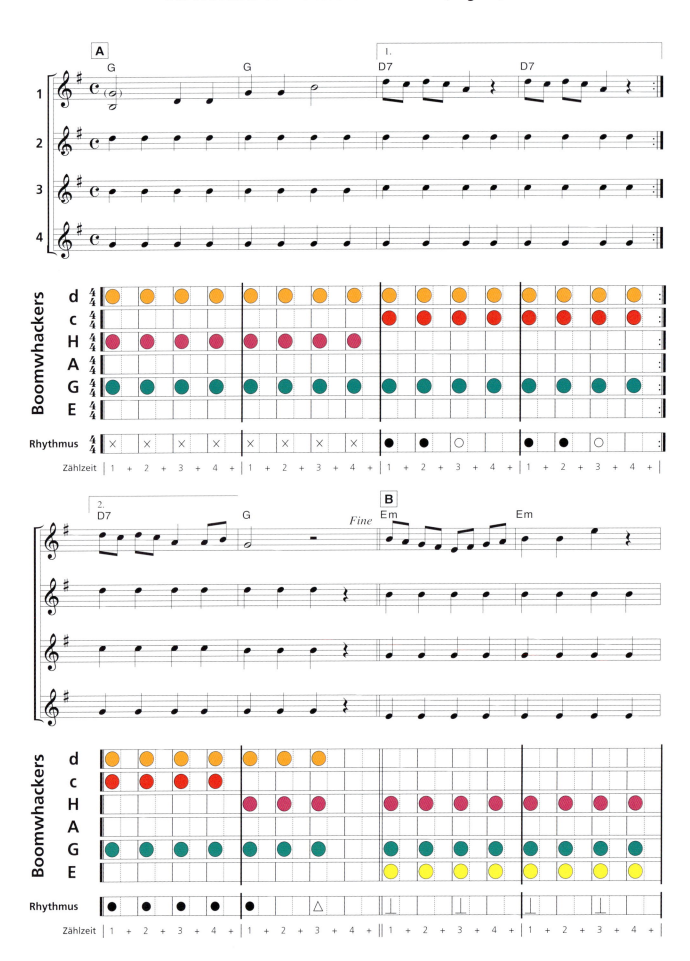

Beethoven instrumental

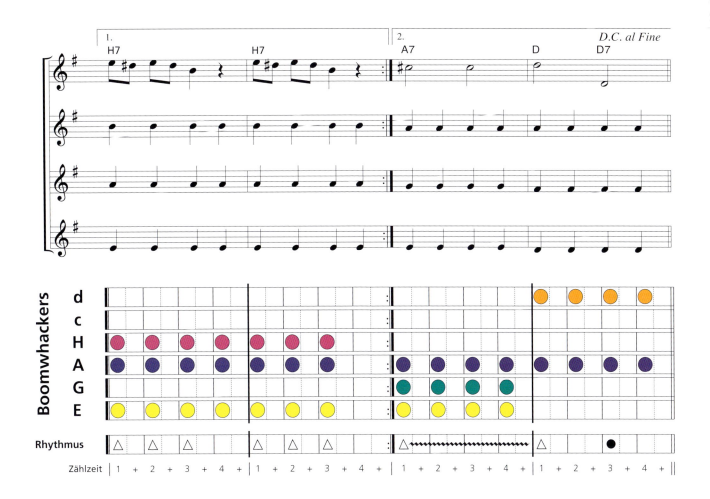

Die Wut ... (Beginn)

L. van Beethoven

Anm.: Im Original wird die linke Hand bei der Wiederholung des A-Teils eine Oktave tiefer gespielt.

	Körperinstrumente	Rhythmusinstrumente
●	klatschen	Schellenstab
×	auf die Oberschenkel patschen	Claves
△	schnipsen	Triangel Einzelschlag
○	leise aufstampfen	Handtrommel mit Schlägel
⊥	auf den Handrücken schlagen	Cymbel, hängend, mit Schlägel
∾	beide Hände nach oben ausstrecken, die Finger vor und zurück bewegen	Triangel-Triller

Lehrerinfo: Boomwhackers E bis H mit Basskappen

© Helbling, Rum/Innsbruck • Esslingen

Beethoven instrumental

Für Elise

*Eine **Bagatelle** (= unbedeutende Kleinigkeit) ist in der Musik ein kurzes, leichtes Instrumentalstück ohne bestimmte Form.*

Beethoven war sehr häufig verliebt und übte auch selbst große Anziehung auf Frauen aus (→ Seite 14). Wahrscheinlich schrieb er seine berühmte Bagatelle *Für Elise* für Therese Malfatti, die er auch heiraten wollte: Doch sie lehnte den Antrag ab.

Hört das Musikstück im Original (CD II/17) und musiziert dann den ersten Teil.

Musiziersatz
Für Elise WoO 59 (Beginn)

frei nach L. van Beethoven
Bearbeitung und Satz: W. Kern
© Helbling, Rum/Innsbruck

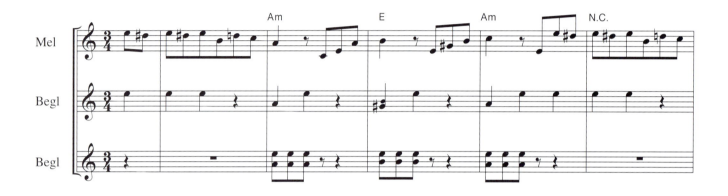

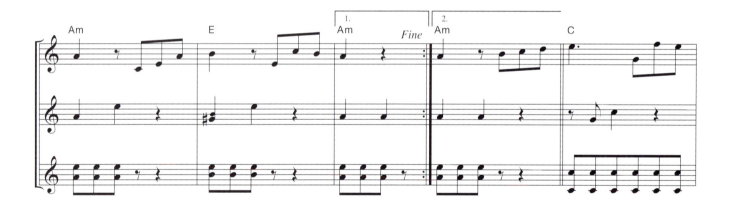

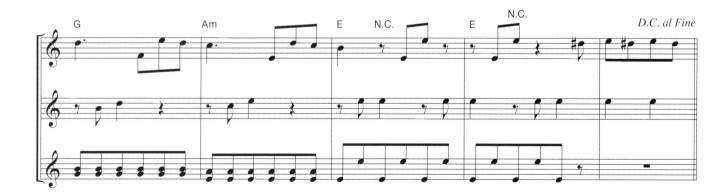

Beethoven instrumental

Schöne Minka

Anfang des 19. Jahrhunderts war das Volkslied *Schöne Minka* oder *Der Kosak und das Mädchen* sehr beliebt. Es handelt vom Abschied eines Soldaten, der in den Krieg ziehen muss, von seiner Freundin. Das Lied greift damit ein Thema auf, das den Menschen zur Zeit der Befreiungskriege gegen Napoleon sehr nahe ging. Beethoven bearbeitete das Lied und schrieb außerdem Variationen über die ukrainische Melodie. Das variierte Thema nannte er *Air russe* (= russische Melodie).

Hört Beethovens Bearbeitung des Volkslieds (CD II/18).
▶ Singt dann das Lied mit verteilten Rollen (Jungen, Mädchen) und unterschiedlichen Gefühlen (ernst, ironisch).

Schöne Minka

Melodie aus der Ukraine
Text: unbekannter Verfasser

1. „Schö-ne Min-ka, ich muss schei-den, ach, du füh-lest nicht die Lei-den, fern auf freu-de-lo-sen Hei-den, fern zu sein von dir! Fins-ter wird der Tag mir schei-nen, ein-sam werd' ich geh'n und wei-nen, auf den Ber-gen in den Hai-nen ruf ich, Min-ka, dir."
2. „Tief ver-stum-men mei-ne Lie-der, mei-ne Au-gen schlag' ich nie-der, a-ber seh ich dich einst wie-der, dann wird's an-ders sein. Ob auch all die fri-schen Far-ben dei-ner Ju-gend-blü-te star-ben, ja, mit Wun-den und mit Nar-ben bist du, Sü-ßer, mein!"

Beethoven instrumental

Variationen über das Volkslied

> **Hört Thema (CD II/19) und Variationen (CD II/20) und lest die Klavierstimme in den Noten mit.**
> ▶ Ordnet zu, auf welche Art das Thema verändert wird (➜ nächste Seite): Verbindet die Kreise mit einer Linie.

Air russe

L. van Beethoven

Beethoven instrumental

Var.	Art der Veränderung
I O	O Verwendung von Dreiklangstönen
II O	O Melodie in der linken Hand
III O	O Rhythmische Veränderungen (Rhythmusvariation)
IV O	O Andere Taktart

Spielt eure Variation des Liedes mit Stabspielen und Rhythmusinstrumenten.

Musiziersatz
Air russe

frei nach L. van Beethoven
Satz: W. Kern
© Helbling, Rum/Innsbruck

Beethoven instrumental

Die großen Klaviersonaten

*Die klassische **Sonate** ist eine mehrsätzige Instrumentalkomposition für kleine oder solistische Besetzung. Der erste Satz steht in der Regel in der Sonatensatzform (siehe Seite 32).*

Beethoven komponierte 32 Sonaten für Klavier. Besonders beliebt sind bis heute *Pathétique* (➔ nächste Seite), *Mondscheinsonate* (➔ Seite 14), *Waldsteinsonate*, *Appassionata* und *Hammerklaviersonate*.

Auf dieser Seite findet ihr fünf Anfangsthemen aus den Klaviersonaten.
▶ Hört die Tonbeispiele mehrmals und ordnet sie den Noten zu.
▶ Tragt die Nummern in die Felder ein.

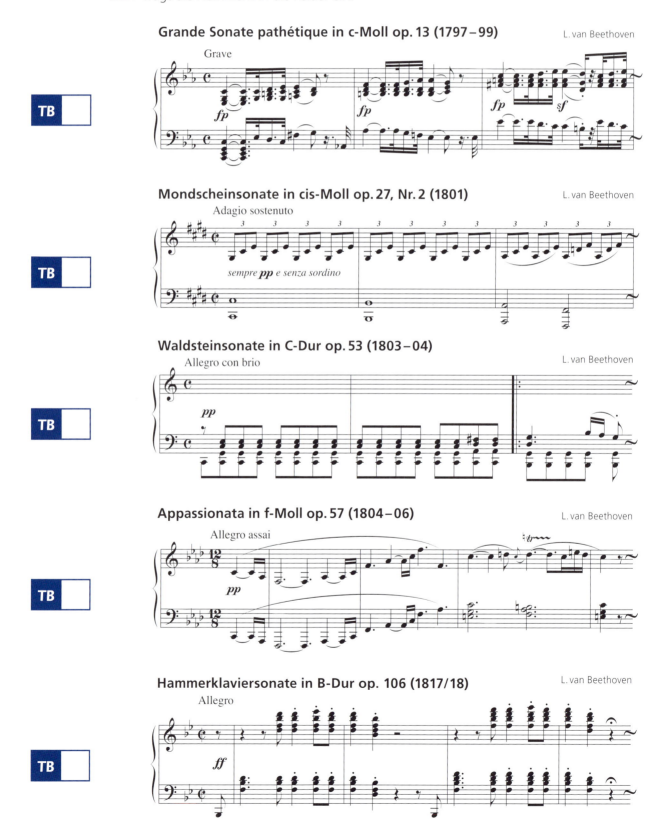

68

Grande Sonate pathétique

Die Klaviersonate *Pathétique (op. 13)* hatte für Beethovens Zeitgenossen schon wegen ihrer Tonart (c-Moll) einen eindeutigen Charakter: traurig und klagend, aber auch leidenschaftlich und rasend vor Wut. Ebenso muss Beethoven sich gefühlt haben, als er die Sonate 1799 schrieb, zu einer Zeit, als ihm seine fortschreitende Ertaubung schwer zu schaffen machte und er sich davor fürchtete, »*das unglücklichste Geschöpf Gottes*« zu werden. Die unübertroffene Ausdruckskraft, mit der Beethoven sein tiefes Leid, aber auch den Entschluss seinem Schicksal zu trotzen, darstellte, hat die Sonate populär gemacht.

Titelblatt der Sonate

- **Hört den Anfang des 1. Satzes in c-Moll (CD II/25).**
  ▶ Hört dann den Beginn des 2. Satzes (CD II/26) und spielt anschließend den Musiziersatz.

Beethoven instrumental

Romanze für Violine und Orchester

*Eine **Romanze** ist ein liedhaft-balladeskes Instrumentalstück.*

Die Violine spielte in Beethovens Schaffen – neben dem Klavier – eine besondere Rolle: Beethoven schrieb über zwanzig Streichtrios, -quartette und -quintette, zehn Sonaten für Violine und Klavier und einige Werke für Violine und Orchester, wie diese Romanze.

 Hört das Tonbeispiel (CD II/27).
▶ Spielt dann den Musiziersatz.

Musiziersatz
Romanze in F-Dur (1. Teil)

frei nach L. van Beethoven
Satz: W. Kern
© Helbling, Rum/Innsbruck

© Helbling, Rum/Innsbruck • Esslingen

Beethoven und die Tanzmusik

Menuette und Kontratänze, Deutsche Tänze und Ländler, Ecossaisen und Walzer – alle diese Tänze finden sich in Beethovens musikalischem Schaffen. Viele Tanzkompositionen Beethovens waren allerdings eher zum Anhören und nicht mehr als ›Gebrauchsmusik‹ zum Tanzen gedacht, ihr breites Spektrum spiegelt aber doch die Tanzgewohnheiten der Zeit.

Das Menuett

Menuett heißt ein Paartanz im 3/4-Takt, der sich vom französischen Hof Ludwigs des XIV. ausgehend zu einem beliebten Tanz in der feinen Gesellschaft in Europa entwickelte. Menuette für drei oder vier Paare mit komplizierten Schrittformen und Raumwegen wurden Mode. Die Umwälzungen der Französischen Revolution änderten nach und nach die Gesellschaft und damit auch die Tanzkultur: Das Menuett veraltete als Tanz, lebt aber in der Kunstmusik weiter.

Der Kontratanz

Der geradtaktige Gruppenpaartanz war immer schon ein Tanz für Adel und Bürgertum. Er entstand im 16. Jahrhundert unter dem Namen ›Country Dance‹ in England und wurde in verschiedenen Aufstellungsvarianten getanzt: in Reihen, im Kreis und mit vier Paaren im Viereck. Von Frankreich aus wurde der beliebte Tanz im 17. Jahrhundert als ›Contredanse‹ in Europa bekannt.

Der Deutsche Tanz

Der Deutsche Tanz steht im Dreiertakt und war ursprünglich ein Paartanz der einfachen Bevölkerung Österreichs und Süddeutschlands mit schnellen Drehungen und vielen Wickelfiguren. Doch bald verbreitete er sich in Europa und zog in die Ballsäle der feinen Gesellschaft ein.

Die Ecossaise

Die Ecossaise stammt vermutlich von einem schottischen Volkstanz im 2/4-Takt ab. Anfang des 19. Jahrhunderts geriet der Tanz als Gesellschaftstanz in den Ballsälen in Vergessenheit, war aber als Volkstanz weiter beliebt. Die Ecossaise hat viel mit der heute noch bekannten Polka gemein.

Maskenball in der Wiener Hofburg

Tanzanleitung
zum Lied *Musik ist mehr* (→ Seite 21)

Tanzform: R. Kern
© Helbling, Rum/Innsbruck

Teil	4/8-Takt	Paare nebeneinander im großen Kreis mit Blick zur Mitte (Frontkreis), alle fassen die Hände
Intro	T 1–4	–
A1	T 1–4	**Double:** rechter Fuß vor, linker Fuß schließt, rechter Fuß vor, linker Fuß wird ohne Gewicht an den rechten angestellt, dann gleiche Schrittfolge rückwärts, der linke Fuß beginnt
	T 5–8	**Handrunde rechts:** Die Tanzpartner legen die rechten Handflächen zur Handrunde aneinander und führen eine ganze Drehung mit 8 Schritten im Uhrzeigersinn aus.
A2	T 1–4	**Double** wie in A1
	T 5–8	**Handrunde links:** Die Tanzpartner legen die linken Handflächen zur Handrunde aneinander und führen eine ganze Drehung mit 8 Schritten gegen den Uhrzeigersinn aus.
B1	T 1–4	**Fahne** der ›Herren‹ mit 8 Schritten mit der ›Kontrapartnerin‹: Der im Paar links stehende Tänzer – im Original der Herr – umfasst mit seiner linken Hand die rechte Hand der links von ihm stehenden ›Dame‹ und führt sie im Uhrzeigersinn mit 8 Schritten um sich herum, wobei er sich selbst einmal auf der Stelle herum dreht. Am Ende stehen sich beide auf der Kreisbahn gegenüber.
	T 5–8	**Dosido** der ›Herren‹ mit 8 Schritten mit der ›Kontrapartnerin‹: Die Tänzer umkreisen einander mit 8 Schritten ohne die Körper- und Blickrichtung zu ändern, zuerst vorwärts rechte Schulter an rechter Schulter, dann Rücken an Rücken und zuletzt rückwärts gehend linke Schulter an linker Schulter zurück an den Ausgangsplatz. Mit dem 8. Schritt drehen sie sich wieder zum Frontkreis.
B2	T 1–4	**Fahne** der Herren mit der eigenen Partnerin: Der Herr ergreift mit seiner rechten Hand die linke Hand seiner Partnerin und führt sie gegen den Uhrzeigersinn um sich herum.
	T 5–8	**Dosido** mit der eigenen Partnerin

A1, T 1–4

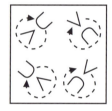

B1, T 1–4

Dosido

Fahne

Ablauf: Intro |: A1 A2 B1 B2 :|
         Strophe   Refrain

Lehrerinfo: Im Video tanzen die Schüler zur Originalaufnahme (CD I/25, Ablauf: A1, A2, B1, B2).

Beethoven – Tanzmusik

Tanzanleitung
zu: Kontratanz *La Musica*, nach originalen Choreografien

Tanzform: R. Kern
© Helbling, Rum/Innsbruck

Teil	4/8-Takt	4 Paare im großen Kreis, Blick zur Mitte (Frontkreis)
A	T 1–8	**Begrüßung.** Tänzer nicken einander zu, fassen die Hände zum Kreis
A1	T 1–8	**Großer Kreis:** 16 Schritte gegen den Uhrzeigersinn gehen, rechter Fuß beginnt
A2	T 1–8	**Großer Kreis:** 16 Schritte im Uhrzeigersinn gehen, rechter Fuß beginnt; am Schluss schauen die Partner zueinander
B1	T 1–8	**Große Kette:** Rechte Hand des Partners fassen, 4 Schritte aneinander vorbei zum entgegenkommenden Partner; diesem die linke Hand reichen, mit 4 Schritten aneinander vorbeigehen usw., bis jeder den eigenen Partner am Gegenplatz trifft. *Wichtig: Immer erst nach 4 Schritten Hände reichen!*
B2	T 1–8	**Große Kette** fortsetzen, bis jeder den eigenen Partner am Ausgangsplatz trifft
C1	T 1–8	1 **Double** zur Mitte und 1 Double zurück, **Handrunde rechts** mit 8 Schritten mit dem eigenen Partner
C2	T 1–8	wie C1, aber **Handrunde links**
D1	T 1–8	**Fahne** der ›Herren‹ mit 8 Schritten und **Dosido** mit 8 Schritten mit der ›Kontrapartnerin‹
D2	T 1–8	**Fahne** und **Dosido** wie in D1, aber mit der eigenen Partnerin

A1

B1/2

 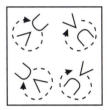
C1, T 1–4   D1

Ablauf: A |: A1 A2 B1 B2 C1 C2 D1 D2 :| A1 A2

Große Kette

Double

Lehrerinfo: Die Teile C und D werden wie der Tanz *Musik ist mehr* (→ vorige Seite) getanzt.

Beethoven – Tanzmusik

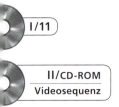

Tanzanleitung
zum Lied *Marmotte* (→ Seite 22)

Tanzform: R. Kern
© Helbling, Rum/Innsbruck

Teil	6/8-Takt	
		Paare stehen einander auf der Kreisbahn gegenüber, Paar 1 mit Blickrichtung gegen, Paar 2 mit Blickrichtung im Uhrzeigersinn. (Zwischen den Paaren muss genügend Platz sein, dass sie in Teil B 4 kleine Schritte aufeinander zu machen können.)
Intro	T 1–4	Die Tanzpartner wenden sich am Ende einander zu.
A	T 1–4	Die Tanzpartner legen die rechten Handflächen zur **Handrunde** aneinander und führen eine ganze Drehung mit 8 Schritten im Uhrzeigersinn aus.
	T 5–8	Die **Handrunde** wird mit den linken Händen gegen den Uhrzeigersinn ausgeführt.
B	T 1–4	Die Paare gehen mit 4 kleinen Schritten auf das Gegenpaar zu und mit 4 Schritten wieder zurück auf den Ausgangsplatz
	T 5–8	**Platztausch** mit 8 Schritten: Paar 1 fasst die inneren Hände und hebt sie zu einem Tor hoch, durch das Paar 2 durchzieht. So gelangen beide Paare auf den Gegenplatz, drehen sich jedoch nicht wieder zueinander um, sondern haben ein neues Paar als Gegenüber.

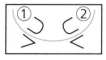

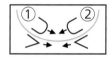

B, T 1–4

Ablauf: Intro | A | B
|:Strophe Refrain :|

B, T 1–4

Platztausch: B, T 5–8

Lehrerinfo: Singen Sie das Lied zum Playback (CD I/12, Ablauf: I: A B :I 4×) oder verwenden Sie die Gesamtaufnahme (CD I/11, Ablauf: I: A B :I 9×).

74 © Helbling, Rum/Innsbruck • Esslingen

Beethoven – Tanzmusik

Tanzanleitung
Zu: *Deutscher Tanz* WoO 8, Nr. 6

Tanzform: R. Kern
© Helbling,
Rum/Innsbruck

Teil	3/4-Takt	Paare im Flankenkreis, Innenhände gefasst
A1	T 1–4	4 betonte Dreierschritte gegen den Uhrzeigersinn mit den Außenfüßen beginnend, dadurch wenden sich die Partner automatisch leicht voneinander weg und einander wieder zu
	T 5–8	Handfassung lösen, ganze Drehung um die Außenschulter mit 4 Dreierschritten, der Außenfuß beginnt
A2	T 1–8	Wiederholung von A1
B1	T 1–8	wie A1
B2	T 1–8	wie A1; am Ende wendet sich > in die Gegenrichtung
C1	T 1–8	Beide Partner gehen mit 7 Dreierschritten auf der Kreisbahn voneinander fort, mit dem 8. Schritt wenden sich > und ⊃ in die Gegenrichtung
C2	T 1–8	Beide Partner gehen mit 7 Dreierschritten zurück auf den Ausgangsplatz und zum eigenen Partner, dem sie sich beim 8. Schritt zuwenden und beide Hände fassen
C'1	T 1–4	Schritt am Platz auf den rechten Fuß, linker Fuß schwingt darüber, Schritt am Platz auf den linken Fuß, rechter Fuß schwingt darüber; beide Schritte wiederholen, dann Handfassung lösen
	T 5–8	⊃ umkreist > mit 4 Dreierschritten gegen den Uhrzeigersinn, der Außenfuß beginnt.
C'2	T 1–4	wie C'1, T 1–4
	T 5–8	> umkreist ⊃ mit 4 Dreierschritten gegen den Uhrzeigersinn, der Außenfuß beginnt.

A, B

C1

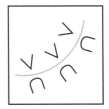 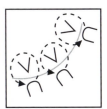

C'1, T 1–4   C'1, T 5–8

Ablauf: A1 A2 B1 B2 C1 C2 C'1 C'2 A1 A2 B1 B2

C1

C'1

Lehrerinfo: Die Dreierschritte können auch als Wechselschritte ausgeführt werden.

Beethoven – Tanzmusik

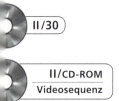

Tanzanleitung
Zu: *Ecossaise* WoO 83, Nr. 1

Tanzform: R. Kern
© Helbling, Rum/Innsbruck

Teil	2/4-Takt	je 3 Paare in Gassenaufstellung
Ref.	T 1–16	Alle Tänzer fassen sich an den Händen und hüpfen im großen ›Kreis‹ 16 Hüpfschritte gegen den Uhrzeigersinn.
A1	T 1–8	Die roten ⊃- und <-Tänzer drehen sich über die Außenschulter vom Partner weg und gehen mit 8 Hüpfern hinter den Paaren 2 und 3 vorbei ans Ende der Paarreihe, wo sie den Partner treffen.
A2	T 1–8	Handtour rechts mit dem Partner mit 8 Hüpfschritten. Danach reihen sie sich am unteren Reihenende an.
B1	T 1–8	Der blaue ⊃-Tänzer geht mit 8 Hüpfschritten vor grün ⊃ und rot ⊃ entlang ans Reihenende, umkreist den letzten roten ⊃-Tänzer und reiht sich von hinten zwischen rot ⊃ und grün ⊃ an zweiter Stelle ein.
B2	T 1–8	Der blaue <-Tänzer führt die Figur gegengleich aus.
C1	T 1–8	Der grüne ⊃-Tänzer links oben tauscht mit dem roten < rechts unten mit 4 Hüpfschritten diagonal den Platz, dann der grüne <-Tänzer rechts oben mit dem roten ⊃ links unten, ebenfalls mit 4 Hüpfern.
C2	T 1–8	Die beiden grünen >- und ⊂-Tänzer tauschen mit 4 Hüpfern die Plätze, und nun die beiden roten >- und ⊂-Tänzer.
D, E, F		wie A, B und C oder selbst erfundene Figuren

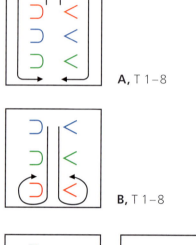

A, T 1–8

B, T 1–8

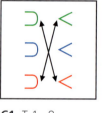
C1, T 1–8

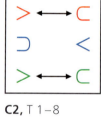
C2, T 1–8

Ablauf: A1 A2 Ref. B1 B2 Ref. C1 C2 Ref. D1 D2 Ref. E1 E2 Ref. F1 F2 Ref.

Gassenaufstellung

Großer Kreis

Beethovenrätsel

Löst das Rätsel und tragt die Lösungsbuchstaben in die Tabelle unten ein.
Das Lösungswort verrät euch den Namen einer Figur aus der Oper *Fidelio*.

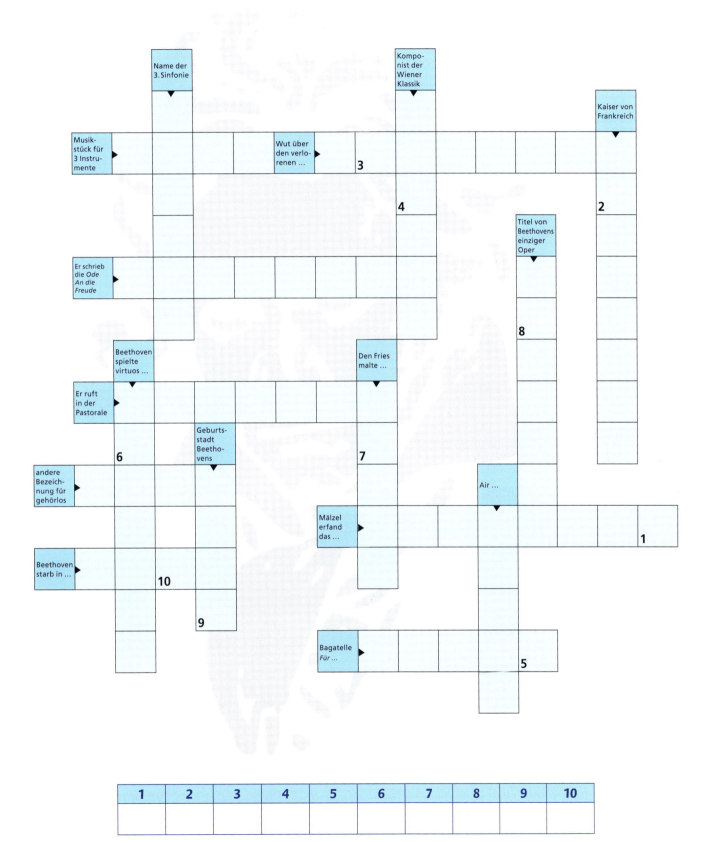

1	2	3	4	5	6	7	8	9	10

Werkverzeichnis

An dieser Stelle sind alle Werke Beethovens, die in dieser Materialiensammlung vorkommen, verzeichnet. Die Werke sind nach Musikgattungen sortiert. Innerhalb der Gattung werden erst die Werke mit Opuszahl (op.) aufgeführt, danach die Werke ohne Opuszahl (WoO).

Orchestermusik
Die Geschöpfe des Prometheus op. 43
3. Sinfonie op. 55
5. Sinfonie op. 67
6. Sinfonie op. 68
Wellingtons Sieg op. 91
7. Sinfonie op. 92
8. Sinfonie op. 93
9. Sinfonie op. 125

Konzerte
Romanze für Violine und Orchester op. 50
4. Klavierkonzert op. 58

Kammermusik
Klaviertrio op. 1, Nr. 3
Air russe op. 107, Nr. 7

Klaviermusik
Grande Sonate pathétique op. 13
Mondscheinsonate op. 27, Nr. 2
15 Variationen für Klavier op. 35
Waldsteinsonate op. 53
Appassionata op. 57
Hammerklaviersonate op. 106
Die Wut über den verlorenen Groschen op. 129
Rondo in C-Dur WoO 48
Für Elise WoO 59

Geistliche Musik
Missa solemnis op. 123

Bühnenwerke
Fidelio op. 72
Türkischer Marsch, aus: Die Ruinen von Athen op. 113, Nr. 4

Vokalmusik
Marmotte op. 52, Nr. 7
Zärtliche Liebe WoO 123
Schöne Minka WoO 158, Nr. 16
Ta ta ta WoO 162
Signor Abate WoO 178
Es muss sein WoO 196

Tanzmusik
Deutscher Tanz WoO 8, Nr. 6
Kontratanz WoO 14, Nr. 7 und 12
Ecossaise WoO 83, Nr. 1

Info   Werkverzeichnis

- Ein **Werkverzeichnis** ist ein Katalog, in dem alle Werke eines Komponisten mit einer kurzen Entstehungsgeschichte und den wichtigsten Quellen verzeichnet sind. Das Beethoven-Werkverzeichnis wurde 1955 von Georg Kinsky und Hans Halm herausgegeben und umfasst alle vollendeten Werke Beethovens.
- Mit einer **Opuszahl** (lateinisch *opus* = Werk), einer Werknummer, werden Kompositionen beim Druck versehen. Beethoven nummerierte seine Werke chronologisch, so dass man aus der Opuszahl ungefähr auf den Entstehungszeitpunkt eines Werkes schließen kann. 138 Werke Beethovens haben eine Opuszahl.
- Als **Werke ohne Opuszahl** werden die Werke gezählt, die erst später katalogisiert wurden. Von Beethoven gibt es 205 Werke ohne Opuszahl.

Inhaltsübersicht der Doppel-CD

CD I: Audio-Teil

Beethoven – sein Leben (Seite 7–18)
1. Beethovens Leben, Hörgeschichte
2. Zärtliche Liebe
3. Zärtliche Liebe, *Playback*
4. Heiligenstädter Testament (Ausschnitt)
5. Ode An die Freude, gefiltert (Ausschnitt)
6. Es muss sein, Kanon

Beethoven vokal (Seite 19–22)
7. Signor Abate, Kanon
8. Ta ta ta …, Kanon
9. 8. Sinfonie, 2. Satz (Ausschnitt)
10. Musik ist mehr, *Playback* / Tanzfassung
11. Marmotte
12. Marmotte, *Playback*

Beethoven und die Bühne (Seite 23–28)
13. Fidelio in 10 Minuten, Hörgeschichte
14. Fidelio: Mir ist so wunderbar, Quartett (Ausschnitt)
15. Mir ist so wunderbar, Streichquintett (Ausschnitt)
16. Türkischer Marsch (Ausschnitt)

Beethoven instrumental (Seite 29–70)
17. Wellington: Englisches Heer
18. Wellington: Französisches Heer
19. Wellington: Schlachtbeginn
20. Wellington: Sieg der Engländer
21. 3. Sinfonie, 1. Satz (Ausschnitt)
22. 3. Sinfonie, 2. Satz (Ausschnitt)
23. 3. Sinfonie, 3. Satz (Ausschnitt)
24. 3. Sinfonie, 4. Satz (Ausschnitt)
25. 12 Contretänze für Orchester Nr. 7 / Eroica-Thema
26. Die Geschöpfe des Prometheus, Eroica-Thema
27. 15 Variationen für Klavier, Eroica-Thema
28. 3. Sinfonie, 4. Satz (Ausschnitt), Mitlesepartitur
29. 5. Sinfonie, 1. Satz, Exposition (Originaltempo)
30. Ekseption The Fifth (Ausschnitt)
31. Sound & Light: Vorübung 1
32. Sound & Light: Vorübung 2
33. Sound & Light: Vorübung 3
34. Sound & Light: Exposition (langsam)
35. Sound & Light: Exposition (mittleres Tempo)
36. Vogelrufe: Wachtel, Kuckuck, Nachtigall
37. 6. Sinfonie, 2. Satz, Vogelrufe
38. 6. Sinfonie, 3. Satz, Tanz des Landvolkes
39. 6. Sinfonie, 5. Satz, Hirtengesang
40. 7. Sinfonie, 2. Satz (Ausschnitt), Mitlesepartitur

CD II: Audio-Teil

1. Freude schöner Götterfunken, *Playback*
2. 9. Sinfonie, 4. Satz (Ausschnitt), Mitlesepartitur
3. Rondo in C-Dur: Abschnitt 1
4. Rondo in C-Dur: Abschnitt 2
5. Rondo in C-Dur: Abschnitt 3
6. Rondo in C-Dur: Abschnitt 4
7. Rondo in C-Dur: Abschnitt 5
8. Rondo in C-Dur: Abschnitt 6
9. Rondo in C-Dur: Abschnitt 7
10. 4. Klavierkonzert, 2. Satz (Beginn)
11. 4. Klavierkonzert, 2. Satz (Schluss)
12. Klaviertrio op. 1 Nr. 3, 4. Satz (Ausschnitt)
13. Haydn, Klaviersonate D-Dur (Ausschnitt)
14. Wut über den verlorenen Groschen (Originaltempo)
15. Hand und Fuß-Theater: Die Wut … (langsam)
16. Hand und Fuß-Theater: Die Wut … (mittleres Tempo)
17. Für Elise (Ausschnitt)
18. Schöne Minka, Volksliedbearbeitung
19. Air russe, Thema
20. Air russe, Variationen 1–3, 5
21. Mondscheinsonate, 1. Satz (Ausschnitt)
22. Hammerklaviersonate, 1. Satz (Ausschnitt)
23. Waldsteinsonate, 1. Satz (Ausschnitt)
24. Appassionata, 1. Satz (Ausschnitt)
25. Pathétique, 1. Satz (Ausschnitt)
26. Pathétique, 2. Satz (Ausschnitt)
27. Romanze für Violine und Orchester (Ausschnitt)

Beethoven und die Tanzmusik (Seite 71–76)
28. Kontratanz La Musica (Zusammenschnitt)
29. Deutscher Tanz
30. Ecossaise

© Helbling, Rum/Innsbruck • Esslingen

CD II: CD-ROM-Teil

PDF

- Allgemeine Hinweise zu *Beethoven für die Schule*
- Didaktische Anmerkungen zu ausgewählten Materialien
- Übersichtstabelle zu den Materialien im Heft
- Lösungen zu den Aufgaben im Heft

- Beethovens Leben: Text der Hörgeschichte
- Lebensstationen: Karten
- Fidelio: Text der Hörgeschichte
- 9. Sinfonie: Text der Ode
- Rondo: Puzzleteile

Video

- Die Wut über den verlorenen Groschen: Hand und Fuß-Theater
- Musik ist mehr: Tanzchoreografie
- Kontratanz La Musica: Tanzchoreografie
- Marmotte: Tanzchoreografie
- Deutscher Tanz: Tanzchoreografie
- Ecossaise: Tanzchoreografie

Bildnachweis und Illustrationen

Bildnachweis

Beethovenhaus Bonn, Bonn: 9 (oben links), 11 (oben links), 13 (oben), 15 (Mitte), 16 (Heft)
DIGITALstock, Wangen und Markgröningen: 11 (unten rechts)
Kerem Unterberger, Bregenz: 72–76
Archiv für Kunst und Geschichte, Berlin: alle weiteren

Illustrationen

Helmut Kilian, Wien: 4, 11, 19, 20, 24, 25, 27, 33, 58, 61, 65
Inkje von Wurmb, Stuttgart: 31, 39, 43, 53, 55, 56, 64